Die schönsten und romantischsten Hotels in
Frankreich

© Copyright by Eurobooks, Lechner Publishing Group S.A., Geneva 1991.
Alle Rechte vorbehalten.

Printed in E.E.C.

ISBN 3-85049-094-7

Mehr als 700 Hotels wurden während eines Jahres von ausgesuchten Testern in diesem Land untersucht. Die 143 Schönsten sind im vorliegenden Führer, der laufend aktualisiert wird, ausführlich beschrieben.

Kriterien bei der Auswahl waren die Lage des Hauses, die Ausstattung, das Service- und Freizeitangebot sowie, soweit vorhanden, die Küche. Wichtigstes Auswahlkriterieum war jedoch der Charme des Hotels, die Atmosphäre, in der der Gast seinen Aufenthalt verbringt.

In diesem Führer finden Sie die romantischsten Hotels des Landes, wobei es sich ebensogut um Zwei- wie auch um Fünf-Sterne-Häuser handeln kann. Die Auswahl wurde flächendeckend getroffen, so daß, egal wo Sie sich im Land befinden, immer in längstens einer Autostunde ein Hotel auf Sie wartet.

Meist handelt es sich um für die jeweilige Region besonders typische Häuser, regional bekannte Geheimtips, die gerne von der einheimischen Bevölkerung frequentiert werden.

Die Hotels werden nach Regionen geordnet einzeln präsentiert, eine ausführliche Beschreibung gibt Auskunft über Lage, Serviceangebot, Zahl der Zimmer und vieles mehr. Tierfreundliche Häuser werden ebenfalls ausgewiesen. Am Anfang des Buches finden Sie alle Hotels übersichtlich nach Regionen und Orten aufgeführt.

Dabei wurde jedoch immer mit kommentierenden Bewertungen gespart. Sie sollen selbst entdecken und sich ein Urteil bilden.

INHALT

NORMANDIE

Bayeux — Hôtel d'Argouges 15
Eu — Pavillon de Joinville 16
Rouen — Hôtel de la Cathédrale 17
Terrasson — Le Manoir d'Hautegente 18
Les Andelys — Hôtel de la Chaîne d'Or 19
Montebourg — Château de Quinéville 20
Ducey — Auberge de la Selunen 21
Gisors — Château de la Rapée 22
Montpichon — Château de la Salle 23
Pont-Audemer — Le Petit Coq aux Champs 24
Benouville — Hôtel La Pommeraie 25
Trelly — La Verte Campagne 26
Trévières — Château de Colombières 27

BRETAGNE

St.-Ouen-la-Rouerie — Château les Blosses 28
La Roche Bernard — Auberge Bretonne 29
Paimpol — Château de Coatguelen 30
Varades — Château de la Jaillière 31

La Roche-Derrien — Château de Kermezen 32
Tregunc — Château de Kerminaouët 33
Montauban-de-Bretagne —
   Château de Léauville 34
Saint-Malo — La Korrigane 35
Noirmoutier — Hôtel Les Prateaux 36

LOIRE

St.-Armand-Montrond —
   Château de la Commanderie 37
Montmirail — Château de Montmirail 38
La Jaille-Yvon — Château du Plessis 39
St.-Ouen-des-Vallons —
   Château de la Roche-Pichemer 40
Azay-le-Rideau — Château du Gerfaut 41
Craon — Château de Craon 42
Champigné — Château des Briottières 43
Muies-sur-Loire — Château de Colliers 44

LIMOUSIN

Oradour-sur-Vayres — Château de Brie 45

PICARDIE

Senlis — Manoir de Beaulieu-le-Vieux 46
Doullens — Château de Remaisnil 47
Vervins — La Tour du Roy 48

NORDEN

Aire-sur-la-Lys —
   Hostellerie des Trois Mousquetaires   49
Montreuil-sur-Mer — Château de Montreuil   50
Laon — Hôtel de la Bannière de France   51

ELSASS

La Petite Pierre — Auberge d'Imsthal   52
Marlenheim — La Cerf   53
Tarquimpol — Château d'Alteville   54
Ribeauville — Le Clos Saint Vincent   55
La Wantzenau —
   Hôtel Le Moulin de La Wantzenau   56
Saint-Hippolyte —
   Hostellerie aux Ducs de Lorraine   57

ZENTRUM

Candé-sur-Beuvron —
   Hostellerie de la Caillière   58
Langeais — Le Castel de Ray et Monts   59
Beaugency — La Tonnellerie   60
La Châtre — Château de la Vallée Bleue   61
Langeais — Château de Cinq-Mars   62
Chinon — Hôtel Diderot   63
Langeais — Hôtel Hosten   64
Vierzon — Château de la Beuvrière   65
Montbazon-en-Touraine —
   Domaine de la Tortinière   66

POITOU CHARENTES

Pons — Le Rustica	67
Vouillé — Château de Perigny	68
Moreilles — Le Château	69
Tonnay-Boutonne — Le Prieuré	70
Vaux-sur-Mer — Résidence de Rohan	71
Montbron — Hostellerie Château Sainte-Catherine	72

BURGUND

Gevrey Chambertin — Hôtel Les Grands Crus	73
Venizy — Le Moulin des Pommrats	74
Mercurey — Hôtellerie du Val d'Or	75
Ceron — Château de la Frediére	76
Bouilland — Hostellerie du Vieux Moulin	77
Vezelay — Résidence Hôtel le Pontot	78
Mailly-le-Château — Le Castel	79
Arnay-le-Duc — Chez Camille	80
Aloxe-Corton — Hôtel Clarion	81
Vitry-aux-Loges — Le Domaine de Chicamour	82
Auxerre — Le Parc des Marechaux	83
Vesoul — Château d'Epenoux	84
Saint-Gervais-en-Vallière — Moulin d'Hauterive	85

RHONE-ALPES

Montmerle-sur-Saône — Castel de Valrose 86
Chamonix — Auberge du Bois Prin 87
Condrieu — Hotellerie Beau Rivage 88
St. Paul-en-Chablais — Le Bois Joli 89
Meximieux — Hôtel Lutz 90
Arc-et-Senans —
   Château de Roche-sur-Loue 91
Poillat — Château de Loriol 92
Pérouges — Hostellerie du Vieux Pérouges 93
Bourg-en-Bresse — Hôtel Chantecler 94
Bogève — Le Jorat 95

SÜDWESTEN

Gramat — Hôtel Les Vieilles Tours 96
Peyrehorade — Château de Monbet 97
Martel — Hôtel les Falaises 98
Agen — Château Hôtel des Jacobins 99
Saint-Cirq-Lapopie — Hôtel de la Pelissaria 100
Le Bugue — L'Auberge du Noyer 101
Saint-Cyprien — Hôtel Bonnet 102
Mauroux — Hostellerie „Le Vert" 103
Puy-l'Evêque — Hostellerie la Source Bleue 104
Mauzac — La Métairie 105
Champagnac-de-Belair —
   Le Moulin du Roc 106
Castillon-la-Bataille — Château de Brugnac 107
Sare — Hôtel Arraya 108
Castelnau-de-Médoc — Château du Foulon 109
Bazas — Château d'Arbieu 110

Clairac — Château de Barry 111
Brantôme — Le Chatenet 112
Bout-de-Pont-de-l'Arn — La Métairie Neuve 113
Saint-Cyprien-en-Périgord — L'Abbaye 114

ZENTRALMASSIV

Conques — Hôtel Sainte-Foy 115
Meyrueis — Château d'Ayres 116
Tence — Grand Hôtel Placide 117
Moudeyres — Le Pré Bossu 118
Moulins — Le Chalet Coulandon 119
Saignes — Château de Bassignac 120
Target — Château de Boussac 121
Saint-Sernin — Hôtel Carayon 122
Hérisson — Château de Fragne 123
Ledergues — Hôtel Château de Casterlpers 124
Saint-Martin-Valmeroux —
   Hostellerie de la Maronne 125

SÜDFRANKREICH

Les Arcs-sur-Argens —
   Le Logis du Guetteur 126
Saint-Pons — Château de Ponderach 127
Saint-Paul-de-Vence — Le Hameau 128
Uzès — Hôtel d'Entraigues 129
Argèles-sur-Mer — Le Cottage 130
La Colle-sur-Loup — Hôtel Marc Hély 131
Lamastre — Hôtel du Midi 132
Lattes — Hôtel Mas de Couran 133

Lauris — La Chaumière	134
Le Lavandou — Hôtel Belle Vue	135
Les-Baux-de-Provence — Le Mas d'Aigret	136
Laurens — Château de Grézan	137
Marsanne — Bastide des Hautes Tours	138
Fontvieille — Auberge La Regalido	139
L'Escarène — Auberge de la Madone	140
Vence — La Roseraie	141
Villeneuve-les-Avignon — La Magnaneraie	142
Le Poët-Laval — Les Hospitaliers	143
Saint-Tropez — Hôtel La Ponche	144
Saint-Cyr-sur-Mer — Château de Ferlande	145
Saint-Rémy-de-Provence — Hôtel Château des Alpilles	146
Llo — L'Atalaya	147
Les Saintes-Maries-de-la-Mer — Mas de la Fouque	148
Château-Arnoux — Hôtel La Bonne Etape	149
Le Pontet — Auberge de Cassagne	150
Gordes — Le Moulin Blanc	151
Trigance — Château de Trigance	152
Entrecasteaux — Château d'Entrecasteaux	153
Saint-Rémy-de-Provence — Château de Roussan	154
Saint-Rémy-de-Provence — Hostellerie du Vallon de Valrugues	155
Sommières — L'Auberge du Pont Romain	156
Saint-Paul-Trois-Châteaux — Auberge des Quatre Saisons	157

Hôtel d'Argouges **

21, rue Saint-Patrice
F - 14400 Bayeux
Tel. 31 92 88 86
Telefax 31 92 69 16 - Telex 772 402

• Ganzes Jahr geöffnet außer an Weihnachten • 25 Zimmer mit Bad oder Dusche, WC, Telefon, TV, Minibar • Zimmerpreise: FF 250 - 480 • Kreditkarten: American Express, Diners Club, Visa, Eurocard • Hunde erlaubt • Schwimmbad, Tennis, TV-Zimmer

Das Hotel „Argouges" ist in dieser historischen Stadt in einem schönem, alten Stadthaus aus dem 18. Jahrhundert untergebracht. Die Zimmer sind sehr persönlich und individuell eingerichtet und liegen sehr ruhig. Ein kleiner Garten mit Blumen, auf der Rückseite des Hauses gelegen, bietet die Möglichkeit, im Sommer das Frühstück im Freien einzunehmen. Der Service ist sehr aufmerksam und fast familiär.

Anreise: RN13 Caen-Bayeux

NORMANDIE

NORMANDIE

Pavillon de Joinville ***

Route du Tréport
F - 76260 Eu
Tel. 35 86 24 03
Telefax 35 50 27 37 - Telex 172152

• Ganzes Jahr geöffnet • 24 Zimmer • Zimmerpreise: FF 350 - 730 • Kreditkarten: American Express, Diners Club, Visa, Eurocard • Hunde erlaubt • Schwimmbad, Tennis, Golf, Billard, Ping Pong

Das Hotel „Pavillon de Joinville" ist in einem Nebengebäude des alten Besitzes von König Louis Philippe untergebracht. Extreme Ruhelage, in nur 3 km Entfernung vom Meer. Wälder und sehr schöne Landschaft zeichen die besondere Lage des Hauses aus. Man bietet hier auch Schönheits- und Kosmetiktherapien an. Ein erstklassiges Hallenbad und viele andere Sportmöglichkeiten machen dieses Haus besonders empfehlenswert für längere Aufenthalte.

Anreise: 165 km von Paris, 3 km vor Le Tréport

Hôtel de la Cathédrale **

12, rue Saint-Romain
F - 76000 Rouen
Tel. 35 71 57 95 - Telex 180 224

• *Ganzes Jahr geöffnet* • *24 Zimmer mit Telefon, TV* • *Zimmerpreise: FF 205 - 330, Frühstück: FF 28* • *Kreditkarten: Eurocard, Visa* • *Hunde erlaubt*

Das „Hotel de la Cathédrale" liegt im Herzen der Altstadt von Rouen. Ein sehr ruhiges Hotel mit viel Komfort und gutem Service. Jedes Zimmer verfügt über TV und direkte Telefondurchwahl. Der mit Blumen geschmückte Innenhof gibt dem Haus sehr viel Charme.

Anreise: Im Zentrum der Altstadt neben der Kathedrale

NORMANDIE

Le Manoir d'Hautegente ***

Coly
F - 24120 Terrasson
Tel. 53 51 68 03 - Fax 53 31 01 90
Telex 550689

• Geöffnet vom 25. März bis 11. November • 10 Zimmer mit Bad, WC, TV, Telefon • Zimmerpreis: FF 480 - 570 mit Halbpension • Kreditkarten: Eurocard, Visa • Hunde erlaubt, Pool, TV-Raum, Forellenfang, Fahrräder

Dieses schloßähnliche Herrenhaus liegt im Herzen des „Perigord Noir". Mit viel privatem Charme und fast familiärer Atmosphäre kann man hier einige gemütliche Tage in stilvollem Ambiente verbringen. Das Restaurant bietet eine erstklassige Küche. Man serviert auch auf Tischen im Freien.

Anreise: N 89, 6 km von Le Lardin

Hôtel de la Chaîne d'Or

27, rue Grande
F -27700 Les Andelys
Tel. 32 54 00 31

• Geschlossen im Januar • 11 Doppelzimmer, 3 Familienzimmer, Bad, Dusche, Zentralheizung, teilweise Telefon • Zimmerpreis: FF 120-320, Menü: FF 115-230 • Kreditkarten: American Express, Diners Club, Eurocard, Visa • Bar, Lounge, Hunde erlaubt

Von dieser Poststation aus dem 18. Jahrhundert aus können Sie die Ruinen des Schlosses von Richard Löwenherz sehen. Die Zimmer sind teilweise sehr einfach ausgestattet, und der Lärm der Seineschiffe, die direkt am Hotel vorbeifahren, kann auch störend wirken. Dies wird jedoch durch die sehr gute Küche (man speist in einem holzvertäfelten Raum), den zuvorkommenden Service und die reizvolle Umgebung ausgeglichen.

Anreise: 40 km südöstlich von Rouen, direkt in der Stadt

Château de Quinéville

**Quinéville
F - 50310 Montebourg
Tel. 23 21 42 57**

• Geöffnet vom 25. März bis 3. Januar • 18 Zimmer und 2 Suiten mit Bad, Dusche, WC, Telefon • Zimmerpreis: FF 270 - 300, Frühstück: FF 40 • Kreditkarten: Eurocard, Visa • Hunde erlaubt, TV-Raum, Fischfang

„Château de Quinéville" wurde im 18. Jahrhundert erbaut und diente als Residenz von James II Stuart - König von England. Ein zwölf Hektar großer, gepflegter Park mit einem Springbrunnen befindet sich vor dem Schloß. Wohnen in diesem Hotel bedeutet Wohnen in einem Historischen Monument.

Anreise: 8 Km westlich von Montebourg

Auberge de la Selunen

**2, Rue Saint-Germain
F - 50220 Ducey
Tel. 33 48 53 62**

• Geöffnet von Oktober bis Februar • 20 Zimmer mit Telefon, Bad • Zimmerpreis: FF 220 - 240 • Kreditkarten: Diners Club, Eurocard, Visa • TV-Raum, Lachsfang, Tennisplatz, Parking

15 km vom Mont-St. Michel entfernt liegt in zauberhafter Landschaft am Ufer eines lachsreichen Gewässers ein Geheimtip für Angler, die Auberge de La Selune. Josette und Jean-Pierre Girres bringen Ihren Gästen sehr viel Aufmerksamkeit entgegen. Das Haus hat 20 gemütliche Zimmer mit allem Komfort.

Anreise: Im Zentrum von Ducey

Château de la Rapée

**Bazincourt-sur-Epte
F - 27140 Gisors
Tel. 32 55 11 61**

• Geöffnet vom 1. März bis 15. August/1. September bis 14. Januar • 14 Zimmer • Zimmerpreis: FF 320/420 • Kreditkarten: Diners Club, Eurocard, Visa, American Express • Park

Ein riesengroßer, bewaldeter Park und ein Schloß in der Normandie, das einem englischen Herrenhaus gleicht. Das hat Charme! Der Empfang ist außerordentlich, die Küche raffiniert und die Schlafzimmer besonders schön. Und in alle Richtungen die Landschaft der Normandie.

Anreise: 4 Km Nord-östlich von Gisors

Château de la Salle ***

F - 50210 Montpinchon
Tel. 33 46 95 19 - Telefax 33 46 44 25

• Geöffnet von Mitte März bis Oktober • 10 Zimmer mit Dusche oder Bad, Telefon, TV • Zimmerpreise: FF 480 (Einzel), FF 580 (Doppel) • Kreditkarten: American Express, Diners Club, Visa • Hunde erlaubt

Zwischen den durch die alliierte Invasion berühmt gewordenen Stränden und dem Mont Saint-Michel bietet sich das „Château de la Salle" als ideale Etappe an. Dieses alte Gebäude, das im Südosten von Coutances im Tal der Soulle liegt, bietet Ihnen im Grünen die Ruhe, den Komfort und die Entspannung, die Sie suchen, sowie die Gaumenfreuden einer raffinierten Küche. Ein sehr schönes Schloß, das immer noch wirkt wie ein Privatbesitz.

Anreise: D7 Coutances Sud - Richtung Villedieu dann D73 nach Cerisy - auf der Straße Coutances-St. Lô in La Chapelle die D52 Richtung Cerisy nehmen.

Le Petit Coq aux Champs

**Campigny
F - 27500 Pont-Audemer
Tel. 32 41 04 19 - Fax 32 56 06 25
Telex 172524**

• Ganzes Jahr geöffnet • 12 Zimmer • Zimmerpreis: FF 400-820, Frühstück: FF 50, Halbpension: FF 825 - 2065 • Kreditkarten: Diners Club, Eurocard, Visa, American Express • Hunde erlaubt, Park, TV-Raum, Pool

„Le Petit Coq aux Champs" liegt im Herzen der Normandie in einem typischen, strohbedekten Haus dieser Gegend. Rustikales Ambiente, viel Natur, ein großer Swimmingpool und eine ausgezeichnete Küche machen dieses Haus besonders interessant.

Anreise: 25 km von Honfleur

Hôtel La Pommeraie ****

18, avenue de la Côte de Nacre
F - 14970 Benouville
Tel. 31 44 62 43 - Telex 171144

• Ganzes Jahr geöffnet • 11 Zimmer mit Bad, WC, Telefon, Minibar, TV • Zimmerpreis: FF 760-900 mit Frühstück • Kreditkarten: American Express, Diners Club, Visa • Hunde erlaubt, Parking, Park

Die alten Mauern des Herrensitzes „Manoir d'Hastings", eines alten Priorates aus dem 17. Jahrhundert, erheben sich in unmittelbarer Nähe der Kirche von Bénouville. Elf sehr komfortabel eingerichtete Zimmer, Gärten mit Apfelbäumen und eine wieder neu geschaffene Normannische Küche versetzen den Gast für die Zeit seines Aufenthaltes in eine andere Welt.

Anreise: A 13, 2 Stunden von Paris

NORMANDIE

La Verte Campagne

Hameau Chevallier
F - 50660 Trelly
Tel. 33 47 65 33

• *Geöffnet vom 28. Februar bis 15. November/8. Dezember bis 12. Februar • 8 Zimmer • Zimmerpreis: FF 180-330 • Kreditkarten: Eurocard, Visa • Park*

„La Verte Campagne" ist in einem alten Bauernhaus aus dem 16. Jahrhundert untergebracht, das mit seinen offenen Kaminen und der efeubewachsenen Fassade viel Gemütlichkeit und Romantik ausstrahlt. Die Einrichtung ist rustikal, die Zimmer sind ordentlich und dem Standard entsprechend.

Anreise: 45 km von Avranches, 55 km vom Mont Saint-Michel, 85 km von Cherbourg

Château de Colombières

F-14710 Trévières (Calvados)
Tel. 31 22 51 65
Telex 699559 code MAUP 51.65.

* *Geöffnet vom 1. Juli bis 15.September* • *2 Zimmer, 1 Suite*
* *Zimmerpreis: FF 370-420* • *Tennis, Reiten, Fischen, Spaziergänge, Fahrradwege, Omaha Beach (Sandstrand) 12 km, Golf 15 km*

Das „Château de Colombières" wurde im 14. Jahrhundert erbaut. Die private Eigentümerfamilie offeriert Hotelgästen 2 Zimmer und 1 Suite, sowie Tennis, Reiten und Fischen. In den Wäldern rund um das Schloß kann man herrliche Spaziergänge unternehmen.

Anreise: Caen 50 km, Deauville 100 km, Mont Saint-Michel 100 km. Bayeux 20 km

NORMANDIE

Château des Blosses

**F-35460 Saint-Ouen-la-Rouerie (Ille-et-Vilaine)
Tel. 99 98 36 16
Telex 950 475 Attn. Les Blosses**

• Geöffnet vom 10. Februar bis 30. November • 5 Zimmer, 1 Suite • Zimmperpreis: FF 370-415 • Kreditkarten • Tennisplatz 2 km, Reitgelegenheit 12 km, Pool 25 km, Golf, Fischen, Radfahren

Das „Château des Blosses" ist ein Schloß aus dem 19. Jahrhundert, das mehr einem Herrenhaus ähnelt. Hier wohnt man in einem 300 Hektar großen Park in absoluter Ruhelage. Ein idealer Stützpunkt um den Mont Saint-Michel, Rennes oder Saint-Malo zu besuchen.

Anreise: 16 km südlich vom Mont Saint-Michel, Rennes 46 km, Saint-Malo 48 km, Avranches 25 km

Auberge Bretonne

**2, place Duguesclin
F - 56130 La Roche Bernard
Tel. 99 90 60 28 - Fax 99 90 85 00**

• *Geöffnet vom 15. Dezember bis 15. November* • *11 Zimmer mit Bad, Dusche (3 mit TV)* • *Zimmerpreis: FF 250-700* • *Kreditkarten: Eurocard, Visa* • *Hunde erlaubt (Zuschlag FF 50)*

Das Hotel „Auberge Bretonne" ist ein altes Haus, das früher eine Crêperie war, sich heute neu renoviert präsentiert und saubere Zimmer und ein angenehmes Restaurant anbietet. Liegt in einer dieser typischen, kleinen, malerischen Strassen der Stadt.

Anreise: 30 km südlich von Vannes

Château de Coatguelen ***

**F - 22500 Paimpol
Tel. 96 22 31 24 - Telex 741 300**

• Ganzes Jahr geöffnet • 17 Zimmer mit Bad, TV • Zimmerpreise: FF 590 - 890 • Kreditkarten: American Express, Diners Club, Eurocard, Visa • Hunde erlaubt (Zuschlag) • Schwimmbad, Tennis, Golf, Reiten, TV-Zimmer, Konferenzsaal

Ein wunderschönes, privates Schloß in einem 100 Hektar großen Park mit Golfplatz, Swimmingpool, Tennis und Pferdestall. Die Küche ist ausgezeichnet, die Bar ist modern gestaltet. Zimmer, Restaurant und alle anderen Räume sind perfekt im Stil eingerichtet. Ein erstklassiges Haus mit 17 Zimmern, das zur Gruppe der Relais-Château-Hotels gehört.

Anreise: 26 km nordwestlich von Saint-Brieuc - in der Gegend von Paimpol, Pléhédel

Château de la Jaillière

**La Chapelle St. Sauveur
F - 44370 Varades (Loire-Atlantique)**

• Geöffnet vom 15 Mai bis 15 Oktober • 4 Zimmer • Zimmerpreis FF 390-480 • Pool, Tennis, Reiten 20 km, Golf 35 km

Ein elegantes, altes Schloß inmitten eines großen Parks, das seit dem 15. Jahrhundert im Besitz der selben Familie ist. Nur im Sommer bietet man Hotelgästen 4 Zimmer sowie auf Anfrage gemeinsames Essen mit den Eigentümern an. Ein eigener Swimmingpool, sowie ein Tennisplatz machen den Aufenthalt sehr angenehm. Ein idealer Stützpunkt für Tagesausflüge zu den Loire-Schlössern.

Anreise: 3 Std. von Paris, Nantes 60 km, Angers 35 km

Château de Kermezen

**Pommerit-Jaudy
F - 22450 La Roche-Derrien (Côtes-du-Nord)
Tel 96 91 35 75**

• Ganzes Jahr geöffnet • 4 Zimmer, 1 Wohnung • Zimmerpreis FF 310-515 • Meer, Segeln 14 km, Tennis 2 km, Spazierwege, Fischen, 2 Golfplätze 30 km

Das „Château de Kermezen" ist ein altes Schloß aus dem 17. Jahrhundert, das seit 500 Jahren im Besitz der selben Familie ist. Man empfängt hier die Hotelgäste in 4 Zimmern und 1 Appartement wie private Gäste. Das Meer ist nur etwa 20 Minuten entfernt.

Anreise: Tréguier 7 km, Perros-Guirec 20 km, Lannion 20 km,

Château de Kerminaouët

BRETAGNE

**F - 29128 Tregunc (Finistère)
Tel. 98 98 62 20**

• Geöffnet von Ostern bis November • 14 Zimmer, 4 Wohnungen • Zimmerpreis FF 380-490 • Reiten 4 km, Tennisplatz 4 km, Fischen und Segeln 6 km, Strand 6 km, Golf 15 km

Das „Château de Kerminaouët" ist ein schloßähnliches, altes Herrenhaus, das in einem großen, gepflegten Park liegt. Die Eigentümerfamilie bietet in ihrem privaten Wohnsitz Hotelgästen 14 Doppelzimmer und 2 Appartements an. Die Zimmer sind alle stilvoll eingerichtet und sehr gemütlich.

Anreise: Tregunc 4 km, Pont-Aven 4 km, Concarneau 10 km, Quimper 25 km

Château de Léauville

**Landujan
F - 35360 Montauban-de-Bretagne (Ille-et-Vilaine)
Tel. 99 61 10 10
Fax 99 69 10 91**

• Ganzes Jahr geöffnet, Winter Reservation erforderlich • 6 Zimmer • Zimmerpreis FF 280-390 • Pool (im Sommer geheizt), Spaziergänge, Radfahren, Golf, Fitness, Sauna, Tennis, Reiten, Segeln,

Das „Château de Léauville" ist ein charmantes, kleines Landschlößchen aus dem 12. Jahrhundert, in dem die privaten Eigentümer 6 Zimmer mit Bad und WC für Hotelgäste anbieten. Im Winter nur auf Anfrage. Im Park befindet sich ein Swimmingpool. Man wohnt hier in erstklassiger Ruhelage.

Anreise: 7 km vom Straßenkreuz Paris-St.Brieuc-Brest auf der NR 12 (30 km nach Rennes, Ausfahrt Bécherel-Landujan)

BRETAGNE

La Korrigane

**39, rue Le Pomellec
F - 35400 Saint-Malo
Tel. 99 81 65 85
Telex 740802**

• Geöffnet vom 15. März bis 15. November • 10 Zimmer mit Telefon, TV, Bad oder Dusche, WC • Zimmerpreis: FF 400-500 (Doppel) • Kreditkarten: Diners Club, Eurocard, Visa, American Express • Hunde erlaubt, Parking, Thalassotherapie, Tennisplatz, Segelboote, Reitpferde, Golfplatz

Dieses ehemalige Herrschaftshaus von besonderem Charme aus dem letzten Jahrhundert empfängt Sie auf das Herzlichste in einer ruhigen Straße im Zentrum von Saint-Malo. Es ist günstig in der Nähe der Altstadt, der Strände, des Hafens und der Fährabfahrtstelle gelegen. Zehn komfortable Zimmer mit luxuriöser Inneneinrichtung und ein Garten machen das Haus noch angenehmer.

Anreise: Im Zentrum, in der Nähe von Hafen und Strand

BRETAGNE

Hôtel Les Prateaux **

**Au Bois de la Chaize
F - 85330 Noirmoutier
Tel. 51 39 12 52 - Fax 51 39 46 28**

• Geöffnet vom 14. März bis Ende September • 13 Zimmer • Zimmerpreis: FF 285-420 mit Vollpension • Kreditkarten: Diners Club, Eurocard, Visa, American Express • Badestrand

Das „Hôtel Les Prateaux" sieht von außen aus wie ein kleines Einfamilienhaus. Dieses Zweisterne-Hotel bietet mit seinem einfachen, rustikalen Interieur viel Gemütlichkeit und eine sehr gute Küche. Liegt ausgesprochen ruhig und in schöner Natur auf der Ile de Noirmoutier, die durch eine Brücke mit dem Festland verbunden ist.

Anreise: Paris-Angers-Nantes-Pornic-Beauvoir-Pont Richtung Noirmoutier (kleine Insel vor der Atlantikküste)

LOIRE

Château de la Commanderie

**Farges-Allichamps
F - 18200 St-Amand-Montrond (Cher)
Tel 48 61 04 19**

• Ganzes Jahr geöffnet • 7 Zimmer, 1 Wohnung • Zimmerpreis: FF 300-340 • Parforcejagd im Wald von Tronçais, Tennis, Pool 12 km, 3 Golfplätze zwischen 30 und 40 km.

Das „Château de la Commanderie" liegt im Herzen Frankreichs in unberührter Landschaft. Von hier kann man in Tagesausflügen die Loire-Schlösser besichtigen. Die private Eigentümerfamilie bietet Hotelgästen 7 Zimmer sowie 1 Appartement an.

Anreise: 36 km südlich von Bourges

Château de Montmirail

**F - 72570 Montmirail (Sarthe)
Tel. 43 93 65 01 - 43 93 72 71**

• Geöffnet vom 1. Mai bis 15 Oktober • 5 Zimmer, 1 Wohnung • Zimmerpreis FF 380-520 • Konferenzräume, Tennis, Spazierwege, Reiten und Pool 7 km, Golf 28 km

Auf „Château de Montmirail" bieten die privaten Eigentümer, der Marquis und die Marquise de Fayet, 5 Zimmer, Salon, Esszimmer und Küche für maximum 9 Hotelgäste an. Ein elegantes Haus mit viel Geschichte und Atmosphäre.

Anreise: Zwischen Chartres und Le Mans in der Nähe von La Ferté Bernard. Chartres 80 km, Le Mans 40 km, La Ferté Bernard 14 km, Paris 170 km

Château du Plessis

F - 41220 La Jaille-Yvon
Tel. 41 95 12 75 - Fax 41 95 14 41

• Ganzes Jahr geöffnet • 6 Zimmer • Zimmerpreis FF 390-520 • Kreditkarten akzeptiert, Tennis, Reiten, Tontaubenschießen, Fischen, Spazierwege, Golf,

Das „Château Le Plessis" wird von den Eigentümern als privater Landsitz weitergeführt, indem man gleichzeitig Hotelzimmer für Gäste anbietet. Ein traumhaft gepflegter Besitz mit Englischem Garten und efeubewachsenen Wänden. Viel Stil, viel Charme, viel Romantik und ein riesiger Park machen den Aufenthalt in diesem Haus zum unvergeßlichen Erlebnis.

Anreise: N 162 und D 189, zwischen Château-Gontier 11 km und Le Lion d'Angers 11 km.

Château de la Roche-Pichemer

**St-Ouen-des-Vallons
F - 53150 Monsûrs (Mayenne)
Tel. 43 90 00 41**

• *Geöffnet vom 1. Juli bis 1. September, Juni und September auf Anfrage • 2 Zimmer, 1 Wohnung • Zimmerpreis FF 375-590 • Tennis, Fischen, Reiten und Golf 20 km, Pool 10 km, Serfen 10 km,*

Das „Château de la Roche-Pichemer" ist ein altes Renaissance-Schloß, das aus Granitstein erbaut wurde. Die privaten Eigentümer, der Compte und die Comptesse d'Ozouville, bieten ihren Hotelgästen 2 Zimmer, sowie ein unabhängiges Nebenhaus mit eigener Küche an. Ein besonders elegantes Schloß mit einem sehr gepflegten Englischen Garten.

Anreise: Autobahn A 81, Ausfahrt 2 Vaignes 14 km, Montsûrs 3 km, Laval 25 km, Angers 70 km, Evron 10 km Mayenne 18 km

Château du Gerfaut

**F - 37190 Azay-le-Rideau (Indre-et-Loire)
Tel. 47 45 40 16 - Fax 47 45 20 15**

• Geöffnet vom 1. April bis 1 November • 5 Zimmer (minimum 2 Nächte) • Zimmerpreis: FF 415-570 • Tennis, Spaziergänge, Golf 12 km, Reiten 10 km, Heißluftballon-Fahren

Das „Château du Gerfaut" liegt in der berühmten Loire-Region und bietet Hotelgästen mehrere Zimmer an. Abendessen mit den privaten Eigentümern, dem Marquis und der Marquise de Chénerilles, ist auf Anfrage möglich.

Anreise: 24 km südwestlich von Tours, D 751 Richtung Chinon 3 km vor Azay bei Station Total nach rechts abbiegen.

Château de Craon

**F - 53400 Craon (Mayenne)
Tel. 43 06 11 02**

• Geöffnet 1. Juni bis . Oktober • 5 Zimmer • Zimmerpreis: FF 320-400 • Tennis, Pool, Reitgelegenheit 20 km, Golfplatz 30 km

Das „Château de Craon" ist ein elegantes Schloß mit gepflegten Parkanlagen aus dem 18. Jahrhundert. Ein typischer Besitz dieser Region (Anjou), in dem die Eigentümerfamilie Hotelgästen nur im Sommer Zimmer anbietet. Ein sehr elegantes Haus.

Anreise: Autobahn Paris-Rennes

Château des Briottières

F-49330 Champigné (Maine-et-Loire)
Tel. 41 42 00 02 - Telex: 72 0943 F Attn. Briottières
Fax 41 42 01 55

• Geöffnet vom 15 Februar bis 30. Dezember, im Winter auf Anfrage • 8 Zimmer • Zimmerpreis: FF 380-420 • Kreditkarten • Park, Spazierwege, Radfahren, Fischen, Tennis 3 km, Pool 7 km, Reiten, Schwimmen im Fluß, Golf 6R km und 20 km, Konferenzräume, Kinder willkommen

Das „Château des Briottières" ist ein elegantes Schloß aus dem 18. Jahrhundert, das sich seit über 200 Jahren im Besitz der selben Familie befindet. Es liegt zwischen Loire und der Bretagne und ist somit ein idealer Ausgangspunkt, um diese beiden Regionen zu erforschen. Die Eigentümerfamilie bietet zahlenden Gästen 8 Zimmer an, sowie auf Anfrage elegante Dinners mit der Familie.

Anreise: 2 1/2 Std. von Paris Autobahn A 11 Ausgang Durtal, dann Richtung Châteauneuf-sur-Sarthe

Château de Colliers

**F-41500 Muies-sur-Loire (Loir-et-Cher)
Tel. 54 87 50 75**

*• Geöffnet von März bis Dezember. Im Winter auf Anfrage. •
5 Zimmer • Zimmerpreis: FF 290-320 • Jagd in der Sologne,
Tennis, Golf, Pool, Konferenzräume*

Das „Château de Colliers" ist ein altes, romantisches Schlößchen aus dem 17. und 18. Jahrhundert, das direkt am Loireufer, umwuchert von altem Baumbestand, mit Aussicht auf den Fluß und auf romantische Sandbänke, liegt. Ein alter Familienbesitz, auf dem die Eigentümerfamilie Hotelgäste empfängt. Auf Anfrage kann man auch mit der Familie dinieren.

Anreise: 16 km von Blois. 1 1/2 Std. von Paris, Ausfahrt Meung-sur-Loire

Château de Brie

**Campagnac La Riviére
F-87250 Oradour-sur-Vayres (Haute Vienne)
Tel. 55 78 17 52**

• Geöffnet von May bis November • 5 Zimmer • Zimmerpreis: FF 480-570 • Tennis, Ponyreiten, Fischen, Spazierwege, Radfahren, Golf 40 km

Das „Château de Brie" ist ein altes Schloß aus dem 16. Jahrhundert, das von einem großen, wunderschönen Park mit hohem Baumbestand umgeben wird. Die Eigentümerfamilie empfängt die Hotelgäste in 5 Zimmern wie eigene Privatgäste. Das Haus verfügt über einen eigenen Tennisplatz und Fischmöglichkeiten. Außerdem stehen Poneys zur Verfügung.

Anreise: 40 km südwestlich von Limoges

PICARDIE

Manoir de Beaulieu-le-Vieux

F-60000 Senlis (Oise)
Reservation: 11 bis, rue J. Goujon
F-75008 Paris
Tel. 1 43 59 20 05

• Ganzes Jahr geöffnet • 8 Zimmer • Zimmerpreis: FF 320-415 • Pool, Sauna, Jagd, Reiten, Fischen, Golf, Konferenzräume *

Ein alter Herrensitz, der früher zu einem Kloster gehörte und später im Besitz König Ludwig XII von Frankreich war. Die jetzige Eigentümerin, Madame de Beaulieu, bietet 8 Hotelzimmer an, wobei ein Minimum von 6 Personen erforderlich ist. Das Haus verfügt über ein Schwimmbad, Sauna und eigene Pferde. Im Umkreis von weniger als 10 km gibt es zwei große Golfplätze.

Anreise: 60 km von Paris, 10 km von Senlis, 20 Minuten von Roissy

PICARDIE

Chateau de Remaisnil

F - 80600 Doullens
Tel. 22 77 07 17
Fax 22 32 43 27

• Geöffnet vom 11. März bis 20. Februar • 20 Zimmer mit Bad, Telefon, TV, Minibar • Zimmerpreis: FF 370-510 • Kreditkarten: Visa • Tennisplatz, Reitpferde, Billard-Raum

Um 1760 erbaut, präsentiert das Schloß ein exquisites Beispiel der Architektur des Rokoko. Perfekt restauriert findet man hier sehr viel Ambience und erstklassigen Service. Die Küche ist ausgezeichnet und die Weinkarte hervorragend. Empfiehlt sich für Gäste mit Stil und Anspruch.

Anreise: 8 km von Doullens, 35 km von Bahnstation Amiens, 1 Stunde vom Flughafen Lille

La Tour du Roy

45, rue du Général-Leclerc
F - 02140 Vervins
Tel. 23 98 00 11 - Fax 23 98 00 72

• Geöffnet vom 15. Februar bis 15. Januar • 20 Zimmer mit Bad oder Dusche, Telefon, Minibar, TV • Zimmerpreis: FF 300-500 • Kreditkarten: Diners Club, Eurocard, Visa, American Express • Hunde erlaubt, Golf, Pool, Reitpferde, Tennisplatz, Fitness, TV-Raum, Kosmetiksalon, Friseur

In der historischen Stadt Vervins, wo Heinrich IV 1598 als König von Frankreich anerkannt wurde, hoch oben an der Stadtbefestigung, die die Stadt mit Ihren Türmen überragt, bietet Ihnen „La Tour du Roy" eine Nacht für Jungvermählte, den kuscheligen Komfort eines Appartements nach dem Genuß der Hausspezialitäten im rustikal eingerichteten Restaurant.

Anreise: N 2 von Paris

Hostellerie des Trois Mousquetaires

Château du Fort de la Redoute
F - 62120 Aire-sur-la-Lys
Tel. 21 39 50 10 — Fax 21 39 50 10

• Geöffnet vom 15. Januar bis 15. Dezember • 26 Zimmer mit Bad, WC, Telefon, TV • Zimmerpreis: FF 340-500 • Kreditkarten: Diners Club, Eurocard, Visa, American Express • Golfplatz

Ein Herrenhaus im Englischen Stil, das besonders schöne Schlafzimmer hat, die mit Stilmöbeln eingerichtet sind. Das Haus ist umgeben von einem gepflegten Park mit großzügigen Wasseranlagen und altem Baumbestand. Das Viersterne-Restaurant im Haus ist hervorragend. Die Lage: sehr ruhig und abgeschieden.

Anreise: A 26, Ausfahrt Lillers

Château de Montreuil

F - 62170 Montreuil-sur-Mer
Tel. 21 81 53 04 — Fax 21 81 36 43
Telex 135205

• Ganzes Jahr geöffnet • 14 Zimmer mit Bad oder Dusche, Telefon • Zimmerpreis: FF 325 • Kreditkarten: Diners Club, Eurocard, Visa, American Express • Park

Ein erstklassig und mit viel Geschmack ausgestattetes Herrenhaus aus dem Anfang des Jahrhunderts. Bietet sowohl eine erstklassige Küche, als auch sehr ruhige und freundlich eingerichtete Schlafzimmer. Den Kaffee kann man in einem mit großen Bäumen bewachsenen Garten auf Englischem Rasen einnehmen.

Anreise: Im Zentrum, gegenüber der Zitadelle

Hôtel de la Bannière de France **

**11, rue Franklin-Roosevelt
F - 02000 Laon (Ville Haute)
Tel. 23 23 21 44**

• Geöffnet von Februar bis Dezember • 18 Zimmer mit Bad oder Dusche, WC, Telefon, TV • Zimmerpreise: FF 205/280 • Kreditkarten: American Express, Diners Club, Eurocard, Visa

Auf dem Weg von Brüssel nach Paris, 2 Stunden von Aachen entfernt, liegt die alte „Poststation". Erbaut im 17. Jahrhundert im Herzen der Altstadt, bietet dieses kleine romantische Hotel 19 sehr gut und komfortabel renovierte Zimmer. Die Küche ist ausgezeichnet, der Service sehr gut.

Anreise: in der Altstadt von Laon

ELSASS

Auberge d'Imsthal

**F - 67290 La Petite Pierre
Tel. 88 70 45 21 — Fax 88 70 40 26**

• Ganzes Jahr geöffnet • 23 Zimmer • Zimmerpreis: FF 100-250 • Kreditkarten: Diners Club, Eurocard, Visa, American Express • Hunde erlaubt, Sauna, Türkisches Bad, Solarium, Spielsalon, Konferenzräume, Fischfang, Minigolf

In der Nähe von la Petite Pierre befindet sich die „Auberge d'Imsthal" in ruhiger Lage, inmitten der Wälder der Vogesen. Ein wahres Paradies für Naturliebhaber und Wanderfreunde, denn hier verfügt man über zahlreiche Wanderwege in die nahegelegenen Wälder, sowie über benachbarte Weiler. Ein großer Teich direkt vor dem Haus bietet im Sommer die Möglichkeit für ein kühles Bad.

Anreise: Autobahn A34 Strasbourg-Metz-Paris, Ausfahrt Saverne

Le Cerf

**30, rue du Général-de-Gaulle
F - 67250 Marlenheim
Tel. 88 87 73 73 — Telefax 88 87 68 08**

• Ganzes Jahr geöffnet • 17 Zimmer mit Bad, Dusche, WC • Zimmerpreise: FF 420-600 • Kreditkarten: American Express, Diners Club, Visa

Ein sehr gemütliches und empfehlenswertes Hotel, das von der Eigentümerfamilie (Familie Husser) persönlich geführt wird. Sehr persönlicher Service und angenehme Atmosphäre zeichnen dieses Haus aus. Das Restaurant bietet Gourmetküche mit Spezialitäten aus dem Elsass.

Anreise: 18 km westlich von Strasbourg

Château d'Alteville

F - 57260 Tarquimpol
Tel. 87 86 92 40 — Fax 87 86 02 05

*• Geöffnet vom 15. März bis 15. November • 10 Zimmer •
Zimmerpreis: FF 400 • Park, Konferenzräume*

Im äußersten Osten Frankreichs gelegen, wird dieses Schloß aus dem 16. Jahrhundert von einer berühmten französischen Generalsfamilie als Hotel geführt. Ein großer Park im Englischen Stil umgibt das Schloß. Das Interieur ist mit zeitgenössichen Antiquitäten ausgestattet.

Anreise: 7 km von Dieuze, 50 km von Nancy, 28 km von Sarrebourg

Le Clos Saint Vincent

**Route de Bergheim
F - 68150 Ribeauville
Tel. 89 73 67 65**

• *Geöffnet von Mitte März bis Mitte November • 12 Zimmer und 3 Wohnungen mit Bad • Zimmerpreis: FF 650-810 (Doppel), FF 920-1100 (Wohnung) • Kreditkarten: Eurocard, Visa • Hunde erlaubt, Hallenbad*

Liegt, umgeben von Weinfeldern, weit abgelegen und bietet viel Ruhe und eine einzigartige Atmosphäre. Bei schönem Wetter kann man das Mittag- oder Abendessen auf der Terrasse einnehmen und einen großartigen Blick über die Ebene genießen, die sich vor der Kulisse des Schwarzwaldes ausbreitet. Ein unvergeßliches Erlebnis.

Anreise: An der Weinstraße, 15 km von Deutschland, 50 km von der Schweiz

Hôtel Le Moulin de La Wantzenau

**27, route de Strasbourg
F - 67610 La Wantzenau
Tel. 88 96 27 83 — Fax 88 96 68 32**

• Geöffnet vom 2. Januar bis 24. Dezember • 19 Zimmer und 1 Suite mit Bad oder Dusche, TV • Zimmerpreis: FF 250-340, Suite: FF 450, Frühstück: FF 36 • Kreditkarten: Eurocard, Visa, American Express • Hunde erlaubt (Zuschlag FF 35)

In diesem Hotel erlebt man noch wirklich geruhsame Ferien im reizvollen Elsass. In dieser ehemaligen Mühle mit pastellfarbener Einrichtung, Holzverkleidung und flauschigen Teppichböden kann man die große Ruhe der Elsässichen Landschaft genießen.

Anreise: 10 km von Strasbourg, über die Ost-Autobahn, Ausfahrt Reichstett Richtung CD 468

Hostellerie Aux Ducs de Lorraine ***

F - 68590 Saint-Hippolyte
Tel. 89 73 00 09 - Fax 89 73 05 46
Telex 871292

• Geöffnet vom 1. März bis 30. Dezember/18. Dezember bis 10. Januar • 40 Zimmer und 2 Wohnungen • Zimmerpreis: FF 385-650, Wohnung: FF 850-950, Frühstück: FF 45 • Kreditkarten: Diners Club, Eurocard, Visa

Ein friedlicher, familiärer Gasthof mit blumengeschmückten Balkons, von denen aus man die herrlichen Landschaften des südlichen Elsass bewundern kann: die Weinberge, die nahen Vogesen, die Tannenwälder, die zartgrünen Ebenen. Küche und Weinkeller sind hervorragend.

Anreise: 20 km von Colmar, 45 km von Strasbourg

Hostellerie de la Caillière

36, route des Montils
F - 41120 Candé-sur-Beuvron
Tel. 54 44 03 08

• Geöffnet von März bis Oktober • 7 Zimmer mit Telefon • Zimmerpreis: FF 298 • Kreditkarten: Eurocard, Visa, American Express • Hunde erlaubt

Ein altes, völlig mit Efeu bewachsenes Landhaus, das in ein gemütliches, familienbetriebenes, kleines Gasthaus umgewandelt wurde. Man bietet beste „Haute Cuisine" und angenehme Zimmer. Der Eigentümer, Jacky Guidon, ist einer der besten Köche Frankreichs. Die Küche ist für jeden Gourmet ein kulinarisches Erlebnis.

Anreise: 2 Autostunden von Paris

ZENTRUM

Le Castel de Ray et Monts

**Brehemont
F - 37130 Langeais
Tel. 47 96 70 47/47 96 63 98**

• *Geöffnet von Juni bis 20. Dezember/6.Februar bis September • 8 Zimmer, 1 Wohnung, 1 Duplex • Zimmerpreis: FF 275-995 • Kreditkarten: Eurocard, Visa, American Express • Hunde erlaubt, Fahrräder, Park, Kochkurse*

Ein Schloß aus dem 18. Jahrhundert, das in einem malerischen Dorf zwischen drei Flüßen, der Loire, dem Indre und der Cher, liegt. Ideal zum Fischen, aber auch für viele andere Freizeitmöglichkeiten. Boote und Fahrräder können im Hotel gemietet werden. Außerdem bietet man auch Kochkurse zum Erlernen der französischen Küche an.

Anreise: Zwischen Tours und Saumur an der Loire

Romantikhotel „La Tonnellerie" ****

F - 45190 Beaugency
Tel. 38 44 68 15 — Fax 38 44 10 01
Telex 782479

• Geöffnet von Mai bis September • 13 Zimmer, 4 Suiten, 3 Wohnungen • Zimmerpreis: FF 300-475 • Kreditkarten: Eurocard, Visa • Pool, TV-Raum

An den Toren der Sologne und im Land der Schlößer werden der diskrete Charme eines stilvollen Gebäudes und die Finesse einer ländlichen, modernen Küche geboten. Über die Autobahn ist das Hotel 1 1/2 Stunden von Paris erreichbar, ein traumhafter Ort für Entspannung und Sightseeing. Geheizter Swimmingpool, schattiger Garten, Golf, Tennis, Reiten, Jagd und Angeln in der Nähe.

Anreise: Autobahn Aquitaine, 1 1/2 Stunden von Paris

Château de la Vallée Bleue ***

**Saint-Chartier
F - 36400 La Châtre
Tel. 54 31 01 91**

• *Geöffnet von März bis Januar • 13 Zimmer mit Bad oder Dusche, TV, Minibar • Zimmerpreis: FF 175-250 • Kreditkarten: Eurocard, Visa, American Express • Hunde erlaubt, Pool, Park, Konferenzräume*

Dieses 3-Sterne-Hotel-Restaurant liegt im Herzen Frankreichs in der Nähe von Georges Sand's Schloß. Erstklassiges Restaurant mit guter Karte, verbunden mit altem Stil, Romantik und viel Atmosphäre.

Anreise: 500 m vom Zentrum Saint-Chartier, 2 km von Nohant

ZENTRUM

Château de Cinq-Mars

**Cinq-Mars-La-Pile
F - 37130 Langeais
Tel. 47 96 40 49**

• Geöffnet vom 1. Februar bis 15. Januar • 3 Zimmer und 1 Suite mit Dusche, WC • Zimmerpreis: FF 420 mit Frühstück • Hunde erlaubt

Dieses Schloß des berühmten Gegenspielers von Richelieu, ursprünglich aus dem 11. Jahrhundert, ist eine alte Festung, die abgeschieden in völliger Ruhelage liegt. Ein idealer Ort für Liebhaber alter Architektur und historischer Plätze. Ein idealer Ausgangspunkt, für die Erforschung des Loire-Tales.

Anreise: N 152, 17 km von Tours

Hôtel Diderot **

4, rue Buffon et 7, rue Diderot
F - 37500 Chinon
Tel. 47 93 18 87

• *Ganzes Jahr geöffnet, außer über Weihnachten/Neujahr •*
25 Zimmer mit Bad oder Dusche, WC, Telefon • Zimmerpreis: FF 125-320 • Kreditkarten: Diners Club, Eurocard, Visa, American Express • TV-Raum, Park, Parking

Ein interessantes Haus aus dem 18. Jahrhundert mit modernen Badezimmern. Alte Holz- und Steinbauweise, sowie ein Frühstückzimmer mit einem offenem Kamin aus dem 15. Jahrhundert geben diesem Haus viel Atmosphäre. Die Konfitüre wird täglich frisch hausgemacht.

Anreise: Im Stadtzentrum von Chinon

Hôtel Hosten

2, Rue Gambetta
F - 37130 Langeais
Tel. 47 96 82 12
Fax. 47 96 56 72

• Geschlossen von Mitte Januar bis Mitte Februar, sowie von Mitte Juni bis Mitte Juli • 12 Doppelzimmer • Zimmerpreis: FF 340/400 • Kreditkarten: Diners Club, Eurocard, Visa, American Express • Bar, TV-Raum • Hunde erlaubt • Garage für 10 Autos.

100 Meter vom Schloß entfernt, in einem sehr schönen alten Gebäude untergebracht, wird dieses Hotel seit 1904 von derselben Familie betrieben. Bietet alle Vorteile eines Familienbetriebs: persönlicher Service, erstklassige Küche, Gemütlichkeit und viel Atmosphäre.

Anreise: 20 km westlich von Tours

Château de la Beuvrière

St-Hilaire-de-Court
F-18100 Vierzon (Cher)
Tel. 48 75 08 1 / 48 75 14 63

• Geöffnet vom 1. März bis 15. Januar • 11 Zimmer, 1 Suite, 3 Wohnungen • Zimmerpreis: FF 300-370 • Tennis, Reiten, Fischen, Konferenzräume,

Im „Château de la Beuvrière", einem alten Renaissance-Schloß, das ursprünglich im 11. Jahrhundert erbaut wurde, empfangen die Eigentümer, der Compte und die Comptesse de Brach, ihre Hotelgäste, für die 11 Zimmer sowie eine Suite und 3 Appartements zur Verfügung stehen. In dem großen Schloßpark selbst kann man Tennis spielen und Fischen, sowie ausgedehnte Spaziergänge unternehmen.

Anreise: 20 km südwestlich von Vierzon, Autobahn N 20 zwischen la Route Jacques-Coeur und les Châteaux de la Loire

Domaine de la Tortinière

**F - 37250 Montbazon-en-Touraine
Tel. 47 26 00 19
Fax. 47 65 95 70
Telex 752 186 f**

• *Ganzes Jahr geöffnet* • *21 Zimmer mit Bad, WC* • *Zimmerpreis: FF 350/950* • *Kreditkarten: Eurocard, Visa* • *Hunde nicht erlaubt, TV-Raum, Swimmingpool, Tennis auf Hotelgelände, Golf und Reiten in der Nähe* •

Ein romantisches, erstklassig erhaltenes Schloß mit einem sehr gepflegten Rasen und einem großzügigen Park. Ein großer Swimmingpool, sowie Tennis- und Golfplatz ergänzen das elegant-romantische Ambiente. Liegt ideal im Zentrum der Loire-Schloß-Region.

Anreise: Autobahn N 10 Paris-Tours, Ausfahrt Montbazon.

Le Rustica

**Saint Leger
F - 17800 Pons
Tel. 46 96 91 75**

• Ganzes Jahr geöffnet • 7 Zimmer • Konferenzräume

Das Hotel „Le Rustica" ist ein sehr einfaches, aber ordentliches Gasthaus, das saubere Zimmer anbietet. Ein typisch französisches Hotel-Restaurant.

Anreise: 35 km vom Atlantik (Royan)

Château de Perigny

**F - 86190 Vouillé
Tel. 49 51 80 43 - Fax 49 51 90 09
Telex 791400**

• Geöffnet von März bis Januar • 40 Zimmer und 2 Suiten mit Bad, WC • Zimmerpreis: FF 310-1250, Frühstück: FF 45, Halbpension: 200, Vollpension: 330 • Kreditkarten: Diners Club, Eurocard, Visa, American Express • Park, Fahrräder, Fischteich, Konferenzräume

„Château de Perigny" liegt ganz einsam in einem wunderschönen Waldgebiet bei Poitou. Fragen Sie unbedingt nach Zimmern im alten Schloßgebäude. Der benachbarte Gutshof ist zu einem romantischen Restaurant umgebaut und hat eine große Terrasse und einen modernen Swimmingpool. Eine Märchenwelt für die Hochzeitsreise.

Anreise: Vom Süden: A 10, Ausfahrt Poitiers Süd Richtung Angers-Nantes, am Flughafen Poitiers-Biard vorbei, RN 19 Richtung Parthenay-Nantes während 12 km, Hotel links angezeichnet. Vom Norden: A 10, Ausfahrt Poitiers Nord Richtung Angoulême-Nantes, RN 149 Richtung Parthenay-Nantes während 12 km, Hotel links angezeichnet

Le Château

**F - 85450 Moreilles
Tel. 51 56 17 56**

• Ganzes Jahr geöffnet • 8 Zimmer mit Bad, WC, Telefon • Zimmerpreis: FF 280-450 • Pool, TV-Raum

„Le Château" ist ein schönes und gemütliches Landhaus, das an ein Kloster erinnert, in dem einst Richelieu Abt war. Sehr persönlicher und familiärer Service. Fragen Sie nach dem Schlafzimmer der „Belle Otéro", einer berühmten Kurtisane der Belle-Epoque.

Anreise: RN 137, 35 km von La Rochelle

Le Prieuré

**14, Rue de Cornebouc
F - 17380 Tonnay-Boutonne
Tel. 46 33 20 18**

• Geöffnet von Mitte Januar bis Mitte Dezember • 23 Zimmer (3 für 4 Personen) mit Bad, Telefon, TV • Zimmerpreise: FF 270-450 • Kreditkarten: Visa• Hunde erlaubt • Tennis, TV-Zimmer

Ein Haus, das sich vor allem wegen seiner absoluten Ruhelage und seines gemütlichen Komforts anbietet. Die Küche ist ausgezeichnet und die Weinkarte sehr gut. Ein romantisches Hotel, das von ausgewählten Stammkunden frequentiert wird.

Anreise: 50 km von La Rochelle

Résidence de Rohan

**Parc des Fées
F - 17640 Vaux-sur-Mer
Tel. 46 39 00 75 — Fax 46 38 29 99**

• Geöffnet von Ostern bis November • 41 Zimmer mit Bad oder Dusche, WC, TV (20 mit Balkon) • Zimmerpreis: FF 315-600, Frühstück: FF 40 • Kreditkarten: Eurocard, Visa • Hunde erlaubt, Tennisplatz, Park, Ping-Pong

Ein altes charmantes Haus, das als Landhaus von der Herzogin de Rohan erbaut wurde. Das Haus liegt in einem kleinen Pinienwald direkt über dem Sandstrand von Nauzan. Zum Strand sind es nur wenige Meter. Gehört zu der Gruppe der Silence Hotels.

Anreise: Bordeaux-Royan-Vaux-sur-Mer (ca. 3 km von Royan am Meer)

POITOU CHARENTES

Hostellerie Château Ste-Catherine ***

**Route de Marthon
F - 16220 Montbron
Tel. 45 23 60 03 — Telefax 45 70 72 00**

• Ganzes Jahr geöffnet • 18 Zimmer mit Bad, WC, Telefon • Zimmerpreise: FF 250-500 • Kreditkarten: American Express, Diners Club, Eurocard, Visa • Hunde erlaubt

Ein schönes altes Schloß aus dem 17. Jahrhundert, das sehr ruhig und abgelegen liegt. Das Restaurant ist besonders gut und überregional bekannt. Das Hotel gehört zu der Relais-du-Silence-Hotelkette. Ein sehr angenehmes Haus.

Anreise: 30 km von Angoulême

Hôtel Les Grands Crus ***

F - 21220 Gevrey Chambertin
Tel. 80 34 34 15 - Fax 80 51 89 07

• *Geöffnet von März bis November* • *24 Zimmer mit Bad* • *Zimmerpreis: FF 275-365* • *Kreditkarten: Eurocard, Visa* • *Parking, TV-Raum, Kosmetiksalon*

Das in Burgund in den berühmten Weinbergen von Gevrey Chambertin gelegene Hotel „Les Grands Crus" bietet in einem angenehmen Rahmen ruhige und erholsame Gemütlichkeit. 24 Zimmer mit großem Komfort. Privater Parkplatz, Zufahrt über die Autobahnausfahrt Dijon.

Anreise: A 37, Ausfahrt Dijon oder Nuits-St-Georges

BURGUND

Le Moulin des Pommrats ***

St Florentin
F - 89210 Venizy
Tel. 86 35 08 04

• *20 Zimmer • Zimmerpreis: FF 290-450, Frühstück: FF 30 • Kreditkarten: Diners Club, Eurocard, Visa, American Express • Park*

Am Rande eines kleines Baches, in einer entzückenden, ländlichen Domaine liegt das Hotel-Restaurant „Le Moulin des Pommrats". Schon beim Betreten werden Sie von dem diskreten Charme dieser alten Mühle bezaubert sein. In diesem traditionsbewußten Haus werden Sie sich an der Stille und der Ruhe der Landschaft erfreuen.

Anreise: Autobahn A 6 — Ausfahrt Avallon/Nitry-Chablis-St. Florentin (D 91)

Hôtellerie du Val d'Or ***

Grande-Rue
F - 71640 Mercurey
Tel. 85 45 13 70

• Geöffnet von Mitte Januar bis Mitte Dezember • 11 Zimmer mit Bad oder Dusche, Telefon, TV • Zimmerpreise: FF 190/280 • Kreditkarten: Visa

Die „Hôtellerie du Val d'Or" liegt im Herzen von Burgund in dem kleinen Dorf Mercurey, das für seine Spitzenweine berühmt ist. Neben der erstklassigen Weinkarte bietet dieses Hotel eine ausgezeichnete französische Küche. Ein guter Platz zum Übernachten für alle, die es gerne gut essen und trinken.

Anreise: Autobahn A6 - Ausfahrt Chalon-Nord Richtung Autun

BURGUND

Château de la Fredière

**La Fredière
F - 71110 Ceron
Tel. 85 25 19 67 - Fax 85 25 35 01**

• Geöffnet vom 10. Januar bis 20. Dezember • 9 Zimmer mit Bad oder Dusche, WC • Zimmerpreis: FF 120-450, Frühstück: FF 40 • Golfplatz

Ein privates Schloß aus dem 19. Jahrhundert mit einem 18-Loch-Golfplatz und Restaurant, das vor allem für Golffreunde wie geschaffen ist. Außerdem gibt es einen Tennisplatz und ein großes Schwimmbad.

Anreise: Marcigny 10 km, Laporlisse 30 km, Cluny 60 km, Vichy 40 km, 1 1/2 Stunden von Lyon

Hostellerie du Vieux Moulin

**F - 21420 Bouilland
Tel. 80 21 51 16 - Fax 80 21 59 90**

• Geöffnet von Februar bis Dezember • 12 Zimmer mit Bad, WC • Zimmerpreis: FF 350-700 • Kreditkarten: Eurocard, Visa • Hunde erlaubt, TV-Raum, Fitness

In Bouilland, mit dem Beinamen „La Petite Suisse", einem ruhigen, in einem Burgunder Tal tief eingebetteten Dorf, werden Sie von Isabelle und Jean-Pierre Silva in ihrer Hostellerie „Le Vieux Moulin" empfangen; dort werden Sie den Zauber einer erfinderischen Küche, von berühmtesten Burgundischen Weinen begleitet, wie auch die ruhigen Nächte in einer unberührt gebliebenen, französischen Landschaft genießen.

Anreise: 15 km von Beaune

Résidence Hôtel le Pontot ***

F - 89450 Vezelay
Tel. 86 33 24 40

• *Geöffnet von Ostern bis Oktober • 7 Zimmer und 3 Suiten mit Telefon • Zimmerpreis: FF 500-850 • Kreditkarten: Diners Club, Eurocard, Visa, American Express • Hunde erlaubt (Zuschlag FF 50), Park, Boote, Helioport*

In einem großen, burgähnlichen, mittelalterlichen Haus wohnt man hier in historischem Rahmen. Das Frühstück wird im Garten serviert. Verlangen Sie ein Zimmer mit offenem Kamin.

Anreise: Autobahn A 6 - Ausfahrt Avallon-Vézelay

Le Castel **

F - 89590 Mailly-le-Château
Tel. 86 81 43 06 — Fax 86 81 49 26

• Geöffnet vom 15. März bis 15. November • 12 Zimmer • Zimmerpreis: FF 150-290 • Kreditkarten: Eurocard, Visa • Hunde erlaubt, Park, Konferenzräume

Zwischen Auxerre und Avallon, im Herzen eines friedlichen kleinen Dorfes, bietet „Le Castel" die Annehmlichkeit und den Komfort einer privaten Unterkunft in einem bekannten Fremdenverkehrsgebiet. In nächster Nähe befinden sich eine Aussichtsterrasse, Angelmöglichkeiten und wunderschöne Waldspazierwege.

Anreise: Abfahrt von der Autoroute du Soleil bei Auxerre Sud oder bei Abfahrt „Avallon"

Chez Camille

1, place Edouard-Herriot
F - 21230 Arnay-le-Duc
Tel. 80 90 01 38 — Fax 80 90 04 64

• Ganzes Jahr geöffnet • 12 Zimmer und 2 Wohnungen mit Bad, WC, TV, Telefon • Zimmerpreis: FF 380 • Kreditkarten: Diners Club, Eurocard, Visa, American Express • Hunde erlaubt, Sauna

Ein Hotel-Restaurant, das vor allem wegen seiner Gourmet-Küche außergewöhnlich ist. Burgunder Gastfreundschaft und eine extraordinäre Küche. Das Haus stammt aus dem 16. Jahrhundert. Erstklassiger Weinkeller.

Anreise: Zwischen Dijon und Autun, N 81

BURGUND

Hôtel Clarion

**F - 21420 Aloxe-Corton
Tel. 80 26 46 70 - Fax 80 26 47 16**

• Ganzes Jahr geöffnet • 10 Zimmer • Zimmerpreis: FF 438-750 • Kreditkarten: Diners Club, Eurocard, Visa, American Express • Hunde erlaubt, TV-Raum, Park, Fahrräder

Ein alter Landsitz aus dem 17. Jahrhundert wurde in ein charmantes, kleines Hotel umgebaut. Sehr friedlich und ruhig. Beherbergt ausgewählte Gäste und bietet neben erstklassigen Weinen aus eigenem Anbau allen Komfort, den sich ein Gast wünschen kann. Mit 10 Zimmern eine überschaubare Größe und ein sehr persönlicher Service.

Anreise: A 36 oder A 31, Ausfahrt Nuits-Saint-Georges, RN 74 Richtung Beaune, Aloxe-Corton

BURGUND

Le Domaine de Chicamour

**Sury-aux-Bois
F - 45530 Vitry-aux-Loges
Tel. 38 59 35 75 - Fax 38 59 30 43**

• Geöffnet von März bis November • 12 Zimmer mit Bad oder Dusche, Telefon • Zimmerpreis: FF 305-340, Frühstück: FF 35, Halbpension: FF 345, Vollpension: FF 405/ 435 • Kreditkarten: Eurocard, Visa • Hunde erlaubt, Park, Tennisplatz, Reitpferde

Ein großes, elegantes Herrenhaus, mitten in einem Park gelegen, das zur Gruppe der Relais-du-Silence-Hotels gehört. Große Tennisplätze, sowie eine Reithalle ermöglichen sportliche Betätigung. Idealer Ausgangspunkt für Tagesausflüge zu den Loire-Schlößern.

Anreise: 120 km von Paris, RN 60

Le Parc des Marechaux **

**6, avenue Foch
F - 89000 Auxerre
Tel. 86 51 43 77**

• Ganzes Jahr geöffnet • 25 Zimmer mit Bad, WC, Telefon, TV • Zimmerpreis: FF 230-400, Frühstück: FF 33 • Kreditkarten: Eurocard, Visa, American Express • Hunde erlaubt (Zuschlag FF 50), Konferenzraum, Parking, Park

Ein diskretes, altes Bürgerhaus, das im Stil Napoleon III erbaut wurde. Liegt an einer befahrenen Straße mit einem großen Park auf der Rückseite. Fragen Sie unbedingt nach einem Zimmer, das zum Park hin liegt.

Anreise: Im Zentrum, 1 1/2 Stunden von Paris

Château d'Epenoux

**Route de Saint Loup
F - 70000 Vesoul (Haute-Saône)
Tel. 84 75 19 60**

• Ganzes Jahr geöffnet • 5 Zimmer • Zimmerpreis: FF 300-340 • Ping Pong, Billard, Tennis 1 km, Pool 3km, See 5 km, Reiten 2 km, Langlauf

Das „Château d'Epenoux" liegt zwischen der Schweiz und Deutschland in der Nähe der Grenze. Ein kleines, romantisches Schlößchen in absoluter Ruhelage, ideal auch im Winter für Skifahrer. Großer Vorteil: man hat das ganze Jahr über geöffnet.

Anreise: Besançon 43 km, vom Elsass 100 km

Moulin d'Hauterive ***

Chaublanc
F - 71350 Saint-Gervais-en-Vallière
Tel. 85 91 55 56 — Telefax 85 91 89 65
Telex 801 391

• Ganzes Jahr geöffnet • 22 Zimmer mit Bad, WC, Telefon, TV, Minibar • Zimmerpreise: FF 500/800 • Kreditkarten: American Express, Diners Club, Eurocard, Visa • Hunde erlaubt • Schwimmad, Sauna, Solarium, Tennis, Fitness, Reiten, TV-Zimmer, Konferenzsaal, Parkplatz

In einer alten, authentisch erhaltenen Mühle aus dem 12. Jahrhundert direkt am Fluß ist dieses Hotel untergebracht. Ein gutes Restaurant, Swimmingpool und Tennisplatz, sowie erstklassige Ruhelage zeichnen dieses Haus aus. Ein gutes und seinem Standard entsprechendes Hotel.

Anreise: 15 km von Beaune

Castel de Valrose

**360, boulevard de la République
F - 01090 Montmerle-sur-Saône
Tel. 74 69 30 52**

• Ganzes Jahr geöffnet • 6 Zimmer • Zimmerpreis FF 200-320, Frühstück FF 35 • Besuch der Weinkeller im Beaujolais, Gratis-Tenniskurs

Das Hotel „Castel de Valrose" ist ein angenehmes Haus mit sehr persönlichem Service und einer sehr guten, bodenständigen Küche. Man organisiert eigens für die Gäste Besuche in den Weinkellern des Beaujolais. Die Zimmer sind ordentlich und dem Standard des Hauses entsprechend.

Anreise: 30 km südlich von Mâcon

Auberge du Bois Prin ****

69, Chemin de l'Hermine - Les Moussoux
F - 74400 Chamonix
Tel. 50 53 33 51 - Telefax 50 53 48 75

• Geöffnet von Juni bis Oktober und Mitte Dezember bis Mitte Mai • 11 Zimmer mit Bad, Telefon, TV, Minibar • Zimmerpreise: FF 685 - 985, Frühstück: FF 55 • Kreditkarten: American Express, Diners Club, Master Card, Visa • Hunde erlaubt • Wintersport, Tennis, Golf, Schwimmbad, Parkplatz

Die „Auberge du Bois Prin" liegt oberhalb von Chamonix am Hang und ist die perfekte Verbindung aus altem Holzchalet und 4-Sterne-Hotel. Von der Terrasse und den Balkonen genießt man eine phantastische Aussicht auf den Mont Blanc und die alpine Landschaft. Das Interieur wird von viel Holz und Gemütlichkeit geprägt. Ideal für alle Ski- und Bergbegeisterten.

Anreise: oberhalb von Chamonix, im Nord-Westen

Hotellerie Beau Rivage

F - 69420 Condrieu
Tel. 74 59 52 24 - Telefax 74 59 59 36
Telex 308946

• *Ganzes Jahr geöffnet* • *25 Zimmer* • *Zimmpreise: FF 500 - 790* • *Kreditkarten: American Express, Diners Club, Eurocard, Visa* • *Hunde erlaubt*

Die „Hotellerie Beau Rivage" liegt am Ufer der Rhône, umgeben von Weingärten. Von der Terrasse genießt man einen wunderschönen Ausblick auf den Fluß und die blühenden Gärten rund um das Haus. Die Küche ist gut. Man bietet schöne, individuell gestaltete Zimmer, sowie vier Suiten.

Anreise: 40 km südlich von Lyon am Ufer der Rhône, N 86

Le Bois Joli **

**La Beunaz
F - 74500 St Paul-en-Chablais
Tel. 50 73 60 11 — Fax 50 73 65 28**

• *Geöffnet vom 15. Dezember bis 15. November • 20 Zimmer mit Bad, WC, Telefon, TV (auf Anfrage), Balkon • Zimmerpreis: FF 270 mit Vollpension • Kreditkarten: Diners Club, Eurocard, Visa • Hunde erlaubt, Billard, Solarium, Sauna, Park*

„Le Bois Joli" ist in Chaletform gebaut, mit drei Stockwerken und einfachen Balkonen, mit Sicht auf das herrliche Gebirgspanorama. Nur ca. 10 km vom Genfer See entfernt, kann man hier sehr ruhig und in familiärer Atmosphäre übernachten.

Anreise: Mitten im Chablais, gegenüber dem Dent d'Oche, 15 km von Evian

Hôtel Lutz **

F - 01800 Meximieux
Tel. 74 61 06 78 - Fax 74 34 75 23

• *Ganzes Jahr geöffnet* • *16 Zimmer* • *Zimmerpreis: auf Anfrage* • *Kreditkarten: Eurocard, Visa, American Express* • *Hunde erlaubt, TV-Raum*

Auf der Route National 84 zwischen Lyon und Genf ist dieses Hotel der ideale Autostop zum Übernachten. Man findet gemütliche Zimmer, die der Kategorie des Hotels entsprechen, sowie ein gutes Restaurant und ordentliche Badezimmer. Die Küche liegt, wie so oft in Frankreich, über dem Standard des Hotels.

Anreise: A 42, zwischen Lyon und Genf

Château de Roche-sur-Loue

**F- 25610 Arc et Senans (Doubs)
Tel. 81 57 41 44**

• Ganzes Jahr geöffnet • 6 Zimmer, 1 Wohnung • Zimmerpreis FF 390-510 • Konferenzräume, Fischen, Tennis 1 km, Radfahren,

Ein charmantes, altes Schloß mit viel Atmosphäre und einem großen Park mit alten Bäumen. Hier wohnen Sie in absoluter Ruhelage. Die privaten Eigentümer bieten Zimmer und Appartments für Hotelgäste an. Großer Vorteil: das ganze Jahr geöffnet.

Anreise: A 36 Ausfahrt Dôle, dann Richtung Saline Royale d'Arc et Senans

Château de Loriol

**Confrançon
F - 01310 Poillat (Ain)
Tel. 74 30 26 7l**

*• Ganzes Jahr geöffnet, im Winter Anmeldung erforderlich •
1 Zimmer, 1 Suite • Zimmerpreis FF 400-420 • Billiard, Radfahren, Pool 10 km, Golf 12 km, Tennis 4 km, Reiten 15 km*

Das „Château de Loriol" ist ein altes Schloß aus dem 13. Jahrhundert, das bis heute im Besitz der selben Familie ist. Die Eigentümer bieten ein Doppelzimmer und eine Suite für Hotelgäste an. Im Winter nur auf Anfrage. Das „Château de Loriol" liegt in einem großen Park und bietet absolute Ruhelage.

Anreise: Autobahn A 6 und A 40

Hostellerie du Vieux Pérouges

Place du Tilleul
F - 01800 Pérouges
Tel. 74 61 00 88 - Fax 74 34 77 90
Telex 306898

• Ganzes Jahr geöffnet • 25 Zimmer und 3 Wohnungen • Zimmerpreis: FF 390-850, FF 950 (Wohnung), Frühstück: FF 55 • Park, Konferenzraum

Eine alte Auberge aus dem 16. Jahrhundert, die mit im Stil gehaltenen Zimmern sehr viel Atmosphäre und einen guten Standard bietet.

Anreise: 1 km östlich von Pérouges

Hôtel Chantecler

10, avenue de Bad-Kreuznach
F - 01000 Bourg-en-Bresse
Tel. 74 22 44 88 - Fax 74 23 43 57
Telex 380468

• Ganzes Jahr geöffnet • 60 Zimmer • Zimmerpreis: FF 275-395 • Kreditkarten: Diners Club, Eurocard, Visa, American Express • Hunde erlaubt, Konferenzräume

Ein idealer Reisestop auf der in der Hochsaison viel befahrenen Ferienroute. Liegt sehr ruhig und bietet eine ordentliche, wenn auch nicht außergewöhnliche Küche.

Anreise: Das Hotel befindet sich im Zentrum von Bourg-en-Bresse

Le Jorat

F - 74250 Bogève
Tel. 50 36 61 15
Fax 50 36 63 41

• Geöffnet vom 15. Dezember bis 15. November • 12 Zimmer mit Bad, WC • Zimmerpreis: FF 225-265, Frühstück: FF 28 • Kreditkarten: Diners Club, Eurocard, Visa, American Express • Hunde erlaubt, Sauna, Solarium, Fitness, TV-Raum

Mit seiner modernen, zeltförmigen Architektur wirkt das Hotel von außen wie eine Mischung aus Skistation und Berghütte. Liegt erhöht mit sehr schöner Fernsicht. Im Restaurant überrascht Eigentümer und Chefkoch Christian Schreiber mit einer hervorragenden Küche.

Anreise: 20 Minuten von Genf, Von Genf kommend Ausfahrt Boëge/Saint-Jeoire, von Chamonix, Ausfahrt Thonon/Evian

Hôtel Les Vieilles Tours

**Roc-Amadour
F - 46500 Gramat
Tel. 65 33 68 01 - Fax 65 33 68 59**

• Geöffnet von 1. April bis 4. November • 15 Zimmer, 2 Suiten
• Zimmerpreis FF 200-420 • Pool, Fitness, TV, Beauty Salon, Golf 20 km, Reiten 11 km, Tennis 3 km, Kanufahren 10 km

Das Hotel „Les Vieilles Tours" ist eine sympathische Verbindung von alten Mauern und modernem Komfort. Viel Atmosphäre und angenehme Zimmer. Die Küche ist gut.

Anreise: 2,5 km de Roc-Amadour D673, Richtung Payrac

Château de Monbet

**St-Lon-les-Mines
F - 40300 Peyrehorade (Landes)
Tel. 58 57 80 68 - Fax 58 57 89 29**

• Geöffnet vom 1. April bis 31 Oktober, im Winter Anmeldung erforderlich, • 1 Zimmer, 1 Suite • Zimmerpreis FF 370-490 • Strand und golf 30 km, Reiten und Pool 10 km, Tennis 2 km, ULM und Wasserskifahren 10 km

Das „Château de Monbet" ist ein charmantes, kleines Schlößchen aus dem 17. Jahrhundert in einem großen Park. Bis zum Strand sind es nur 30 km. Hier wohnt man in besonders charmanter und privater Atmosphäre. Die privaten Eigentümer bieten Hotelgästen nur wenige Zimmer an. Wir empfehlen rechtzeitige Reservierung.

Anreise: Autobahnen A 63 und A 64, Bordeaux 170 km, Lourdes 120 km

Hôtel les Falaises

**Gluges
F - 46600 Martel
Tel. 65 37 33 59**

• Ganzes Jahr geöffnet • Zimmerpreis FF 185-260, Zimmer mit Vollpension FF 240-300 • Konferenzräume, Tennis, Fischen, Kanufahren

Das Hotel „Les Failaises" liegt in einem kleinen, mittelalterlichen Dorf am Ufer eines Flußes. Ein sehr malerisches, altes Haus ganz mit Efeu bewachsen und viel Atmosphäre. Die Küche ist sehr gut und die Lage ruhig.

Anreise: D 703, N 140

Château Hôtel des Jacobins ****

**1ter, place des Jacobins
2, rue Jacob
F - 47000 Agen
Tel. 53 47 03 31 - Telefax 53 47 03 80 - Telex 571 162**

• Ganzes Jahr geöffnet • 15 Zimmer mit Bad oder Dusche, Telefon, TV • Zimmerpreise: FF 380/500 • Kreditkarten: American Express, Visa Eurocard • Hunde erlaubt • Friseur, Bibliothek, Beauty Salon

Ein Schloß, das eher aussieht wie ein altes Herrenhaus und ganz im Stil der Zeit möbliert ist. Die Badezimmer sind neu eingerichtet, das ganze Haus renoviert. Auf der Rückseite befinden sich eine kleine Terrasse und ein Garten, wo man entspannt einen Drink zu sich nehmen kann.

Anreise: im Stadtzentrum

SÜDWESTEN

Hôtel de la Pelissaria

**F - 46330 Saint Cirq Lapopie
Tel. 65 31 25 14**

• Geöffnet vom 1. April bis 15. November • 8 Zimmer • Zimmerpreis: FF 200 • Kreditkarten: Eurocard, Visa • Hunde erlaubt

Ein einfaches, aber sehr gutes Hotel in einem malerischen Dorf aus dem Mittelalter, mit einem schönen Garten und netter Aussicht. Der Service und die Zimmer sind angenehm. Außerdem gibt es einen Swimmingpool, Tennis und einen Pferdestall in nächster Nähe.

Anreise: 30 km westlich von Cahors

SÜDWESTEN

L'Auberge du Noyer

**Le Reclaud de Bouny Bas
F - 24260 Le Bugue
Tel. 53 07 11 73 - Fax 53 54 57 44**

• Ganzes Jahr geöffnet, außer Allerheiligen bis Palmsonntag • 10 Zimmer • Zimmerpreis: FF 320-380 mit Halbpension • Kreditkarten: Eurocard, Visa • Pool, Park

Die „Auberge du Noyer" ist ein geschmackvoll restauriertes Bauernhaus aus dem 18. Jahrhundert, in Naturstein erbaut, mit großen Bäumen und viel Natur umgeben. Trotzdem findet man allen modernen Komfort. Sehr ruhige Lage auf dem Land. Liegt für Geschichtsbewußte und Kulturbegeisterte ideal in einer historisch sehr bedeutenden Region mit vielen Sehenswürdigkeiten.

Anreise: 5 km von Le Bugue

Hôtel Bonnet **

Beynac
F - 24220 Saint-Cyprien
Tel. 53 29 50 01

• Geöffnet vom 18. April bis 15. Oktober • 21 Zimmer • Zimmerpreis: FF 260-285 mit Halbpension • Kreditkarten: Eurocard, Visa

Das Hotel Bonnet befindet sich am Ufer der Dordogne und erschließt einen atemberaubenden Ausblick auf das Schloß Beynac. Die antike Einrichtung vermittelt eine freundliche und gemütliche Atmosphäre. Das Hotelpersonal betreut seine Gäste liebevoll und gibt bereitwillig Auskunft über die vielen Sehenswürdigkeiten in der Umgebung.

Anreise: 10 km von Sarlat und Saint-Cyprien

Hostellerie „Le Vert"

**F - 46700 Mauroux
Tel. 65 36 51 36**

• Geöffnet von April bis 21. Dezember • 7 Zimmer mit Bad oder Dusche, WC, Telefon • Zimmerpreis: FF 190-320, Frühstück: FF 30, Halbpension: FF 130 • Kreditkarten: Eurocard, Visa, American Express • Hunde erlaubt (Zuschlag FF 25), Parking, Park

Von Weingärten umgeben, bietet die „Hostellerie Le Vert" viel Romantik und weit mehr Komfort als die zwei Sterne vermuten lassen. Die Zimmer sind alle individuell eingerichtet und groß. Die Küche ist bodenständig und sehr kreativ. Die Eigentümer, M. und Mme. Philippe, kümmern sich persönlich um die Gäste.

Anreise: Von Puy-L'Evêque: Richtung Tournon, zwischen Lacapelle-Cabanac und Mauroux. Von Fumel: Richtung Montayral bis Mauroux, Richtung Puy-L'Evêque. Von Tournon: Richtung Cahors, Ausfahrt Tournon Richtung Mauroux und Puy-L'Evêque

SÜDWESTEN

Hostellerie la Source Bleue ***

**Touzac
F - 46700 Puy-l'Evêque
Tel. 65 36 52 01 - Fax 65 24 65 69**

• Geöffnet von April bis Dezember • 12 Zimmer mit Bad, WC, Telefon, TV • Zimmerpreis: FF 200 • Kreditkarten: Visa, American Express • Hunde erlaubt, Pool, Fitness, TV-Raum, Park, Bootsvermietung

Liegt in einem wunderschönen, gepflegten Garten mit jahrhundertealten Bäumen nahe des Flußes Lot. Ursprünglich war „La Source Bleue", das im 11. Jahrhundert erbaut wurde, eine Mühle, die aus drei Gebäuden bestand. Es gibt 12 Zimmer mit Telefon und allem Komfort und einen Swimmingpool. Rustikale Atmosphäre und ein direkter Zugang zum Flußufer prägen diesen romantischen Platz.

Anreise: Bahnstation Cahors und Monsempron-Libos, Bus SNCF bis Touzac, 39 km von Cahors

La Métairie ***

**Millac
F - 24150 Mauzac
Tel. 53 22 50 47 - Fax 53 22 52 93
Telex 572717**

• Geöffnet vom 29. März bis 15. Oktober • 9 Zimmer und 1 Suite mit Bad, WC, Telefon • Zimmerpreis: FF 480-790, Suite: FF 980, Frühstück: FF 56 • Kreditkarten: Eurocard, Visa • Hunde erlaubt, Pool, TV-Raum

Ein typisches, altes Bauernhaus dieser Gegend mit viel Natur, das sehr abgelegen und ruhig liegt. Große, offene Kamine und rustikales Interieur geben Atmosphäre.

Anreise: 23 km östlich von Bergerac

SÜDWESTEN

Le Moulin du Roc ****

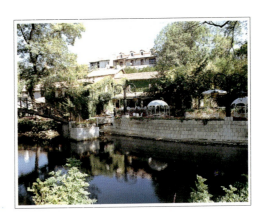

F - 24530 Champagnac-de-Belair
Tel. 53 54 80 36 - Fax 53 54 21 31
Telex 571555

• Geöffnet vom 15. Februar bis 15. November/15. Dezember bis 15. Januar • 10 Zimmer und 2 Suiten mit Telefon, TV, Minibar • Zimmerpreis: FF 380-700 • Kreditkarten: Diners Club, Eurocard, Visa, American Express • Hunde erlaubt, Pool, Tennisplatz, Pedalo

Dieses 4-Sterne-Hotel-Restaurant ist ein beinahe kitschig anmutendes Kleinod an Heimeligkeit. Ein Garten voll Grün und Blumen in verschiedensten Farben, kleine Brücken über das Wasser und ein angenehm großer Swimmingpool stehen im Gegensatz zum professionel geführten Restaurant und dem perfekten Weinkeller.

Anreise: Zwischen Angoulême und Périgueux

Château de Brugnac

**Bossugan
F-33350 Castillon-la-Bataille (Gironde)
Tel. 54 40 58 56**

• Ganzes Jahr geöffnet • 5 Zimmer • Zimmerpreis: FF 510/528 • Pool, Tennis 2 km, Golf 20 km, Ozean 65 km, Bowling 20 km

Das „Château de Brugnac" ist ein altes Schloß, das auf den Ruinen einer römischen Villa im 14. Jahrhundert erbaut wurde. Im Park gibt es ein schönes Schwimmbad, ein Tennisplatz befindet sich 2 km entfernt. Zum Meer sind es etwa 45 Minuten. Die Eigentümerfamilie bietet Hotelgästen 3 Zimmer und 2 Suiten an. In nächster Umgebung gibt es viele gute Restaurants.

Anreise: 8 km von Castillon-la-Bataille, 16 km von Saint-Emilion, 45 km von Bordeaux

Hôtel Arraya ***

**F - 64310 Sare
Tel. 59 54 20 46 - Fax 59 54 27 04**

• Geöffnet von Mai bis Oktober • 20 Zimmer mit Bad oder Dusche, WC • Zimmerpreis: FF 350-500 • Kreditkarten: Eurocard, Visa, American Express • Park, TV-Raum

Ein einfaches, aber typisches Hotel am Hauptplatz des Dorfes, das in einem aus dem 16. Jahrhundert stammenden Haus untergebracht ist. Baskische Architektur und alte Möbel ergeben eine einmalige Atmosphäre. Nur 13 km vom Meer und von einem Golfplatz entfernt.

Anreise: 14 km südöstlich von St-Jean-Luz - am Dorfhauptplatz gelegen

Château du Foulon

**F - 33480 Castelnau de Médoc (Gironde)
Tel. 56 58 20 18**

• *Ganzes Jahr geöffnet, Winter Reservation erforderlich • 3 Zimmer, 2 Suiten • Zimmerpreis: FF 270-320 • Tennis, Reiten, Golf 15 km und 25 km, Segeln 30 km*

Das „Château du Foulon" erstreckt sich in einem großen Park in absoluter Ruhelage nicht unweit von der berühmten Weinregion des Médoc. Man bietet Hotelgästen mehrere Zimmer sowie eine Suite an. Im Winter nur auf Anfrage geöffnet.

Anreise: Bordeaux 28 km

SÜDWESTEN

Château d'Arbieu

F-33430 Bazas
Tel. 56 25 22 28 - Fax 56 25 90 52

• Geöffnet von 1. April bis 30.Oktober, restliche Zeit auf Anfrage • 2 Zimmer, 1 Suite • Zimmerpreis: FF 380-400 • Tennisplatz, Reitgelegenheit, Pool, Golf

Neben „Château d'Arbieu" wohnt man privat wie bei Freunden. Die Eigentümerfamilie bietet von April bis Oktober zwei Hotelzimmer und eine Suite an. Das Schloß liegt ganz in der Nähe der berühmten Weinregion des „Sauternes" in der Mitte eines großen Parks. Absolute Ruhelage.

Anreise: 70 km von Bordeaux, Autobahn von Toulouse A 61, Ausfahrt Langon,

Château de Barry

**F-47320 Clairac - Lot-et-Garonne
Tel. 53 84 35 49**

• Geöffnet vom 25. April bis 15 November • 7 Zimmer, 1 Suite • Zimmerpreis: FF 328-420 • Pool, Sauna, Fischen, Konferenzräume, Tennisplatz 500 m, Golf 20 km und 40 km.

Das „Château de Barry" ist ein privates Schloß aus dem 18. Jahrhundert, das sehr ruhig und angenehm liegt. Das Schloß ist von einem großen Park umgeben. Die 7 Zimmer sind extrem ruhig und sehr angenehm.

Anreise: Bordeaux 100 km (Autobahn 17 km) Flughafen Toulouse 130 km

Le Chatenet

F - 24310 Brantôme
Tel. 53 05 81 08 - Fax 53 05 82 52

• Geöffnet vom 1. April bis 31. Oktober, restliche Zeit auf Anfrage • 8 Zimmer, 2 Suiten • Zimmerpreis FF 320-500 • Konferenzräume, geheiztes Pool, Tennis, Golf 22 km, Billard, Fahrradvermietung

Das Hotel „Le Chatenet" ist ein altes, großes Schloß aus dem 17. und 18. Jahrhundert, das wie ein privater Wohnsitz für Hotelgäste geführt wird. Viereckiger Garten, ein Park und angenehme Zimmer machen den Aufenthalt angenehm. Es gibt kein Restaurant im Haus, aber viele gute Restaurants in der Umgebung.

Anreise: 800 m von Brantôme. 27 km von Périgueu

La Métairie Neuve ***

F - 81660 Bout-de-Pont-de-l'Arn
Tel. 63 61 23 31 - Fax 63 61 94 75

• Ganzes Jahr geöffnet • 11 Zimmer • Zimmerpreis FF 250-380, Menus FF 90-250, 1/2 Pension FF 360-600, Vollpension FF 460-800 • Pool, Tischtennis, Tennis

Das Hotel „La Métairie Neuve" ist ein rustikal gehaltenes, romantisches, altes Haus mit einer großen Pferdekoppel und einer sehr gemütlichen Halle mit offenem Kamin. Die Zimmer sind angenehm und die Preise vernünftig. Ein besonders ruhiger Platz zum Ausspannen.

Anreise: N 112, D 65

L'Abbaye ***

F - 24220 Saint-Cyprien-en-Périgord (Dordogne)
Tel. 53 29 20 48 - Telefax 53 29 15 85 - Telex 572 720

• Ganzes Jahr geöffnet • 24 Zimmer mit Bad oder Dusche, WC, Telefon • Zimmerpreise: FF 300/600 • Kreditkarten: American Express, Diners Club, Master Card, Visa • Hunde erlaubt • Schwimmbad

Dieses Hotel liegt im Herzen des „Périgord Noir". Ein altes, stilvolles Herrenhaus mit schönem Garten und einem großen Swimmingpool. Das Interieur ist rustikal und teilweise urig, die Halle mit offenem Kamin und dunklem Holzgebälk ausgestattet. Küchenchef ist der Eigentümer selbst: Frau Yvette Schaller.

Anreise: 19 km von Sarlat - Richtung Beynac/Limeuil

Hôtel Sainte-Foy ***

F - 12320 Conques
Tel. 65 69 84 03 - Telefax 65 72 81 04

• Geöffnet von Ostern bis Ende Oktober • 19 Zimmer mit Bad oder Dusche, WC • Zimmerpreise: FF 270 - 550, Frühstück: FF 38 • Kreditkarten: Master Card, Visa • Hunde erlaubt • Schwimmbad, Solarium, Fitness

Das „Hotel Sainte-Foy" liegt mitten in der Altstadt in einem kleinen, romantischen Haus mit Holzläden und dem für diese Region typischen Giebeldach. Von den Zimmern hat man eine gute Aussicht über die Stadt und auf die hügelige Landschaft. Eine kleine, mit Efeu bewachsene Terrasse dient als Gastgarten. Ein sehr romantisches Hotel in historischem Rahmen, umgeben von einer wunderschönen Landschaft.

Anreise: 38 km von Rodez - 57 km von Aurillac

Château d'Ayres

F - 48150 Meyrueis
Tel. 66 45 60 10 - Fax 66 45 62 26

• Geöffnet von April bis 6. November • 24 Zimmer • Zimmerpreis: FF 300-635, Frühstück: FF 49 • Kreditkarten: Diners Club, Eurocard, Visa, American Express • Hunde erlaubt (Zuschlag FF 35), Pool, Tennisplatz, Park, Reitpferde, TV-Room

Ein altes Kloster, das im 16. Jahrhundert in ein Schloß umgewandelt wurde, bietet heute als Hotel luxuriöse Umgebung und viel Atmosphäre. Ein großzügiger Park mit grossen, alten Bäumen, ein Tennisplatz, ein Reitstall und ein moderner Swimmingpool stehen zur Verfügung.

Anreise: N 596, 1 km von Meyrueis

Grand Hôtel Placide

**F - 43190 Tence
Tel. 71 59 82 76 / 71 65 44 46**

• geöffnet von Februar bis November • Renommiertes, gastronomisches Restaurant • 17 Zimmer • Zimmerpreis: 330/430 • Badzimmer mit Toiletten, TV, Telefon • Kreditkarten: Eurocard, Visa und Mastercard • Golf 9 Löcher, Reiten, Tennis.

Ein von wildem Wein völlig überwachsenes, altes Haus in einer wunderschönen und malerischen Landschaft, am Fuße des Velay. Ideal zum Ausruhen und Geniessen. Die Küche wird von Feinschmeckern in dieser Gegend sehr geschätzt.

Anreise: Autobahn Lyon-Marseille - Ausfahrt Valence - Richtung Le Puy

Le Pré Bossu

F - 43150 Moudeyres
Tel. 71 05 10 70 - Fax 71 05 10 21

• Geöffnet von Ostern bis November • 10 Zimmer mit Bad oder Dusche, Telefon • Zimmerpreis: FF 260-360 pro Person mit Halbpension • Kreditkarten: Diners Club, Eurocard, Visa, American Express • Hunde erlaubt, TV-Raum, Mountain-Bikes, Ruderboote, Fischfang

In einem wunderschönen Dorf mit alten, restaurierten Steinhäusern ist die Auberge du Pré Bossu eines der am schönsten restaurierten Gebäude. Die Eigentümer sind Flamen, die sich mit viel Liebe um ihre Auberge und ihre Gäste kümmern. Alles ist einfach und ursprünglich. Wilde Blumen und viel Atmosphäre. Die Küche ist französisch und von hohem Niveau.

Anreise: 25 km von Le Puy

Le Chalet Coulandon

F - 03000 Moulins
Tel. 70445008 - Telefax 70440709

• Geöffnet von Februar bis Mitte November • 25 Zimmer mit Dusche oder Bad, WC, Telefon, TV • Zimmerpreise: FF 240/370 • Kreditkarten: Diners Club, Eurocard, Visa, American Express • Hunde erlaubt • Fischen

Das „Le Chalet Coulandon" gehört zur Relais-du-Silence-Hotelgruppe. Ganz mit Efeu bewachsen, liegt das Haus in einem großen Park mit Bäumen. Absolute Ruhelage sowie ordentliche Zimmer mit viel Atmosphäre machen dieses Hotel ideal als Reisestop und zur Entspannung.

Anreise: 6 km von Moulins - D 945

Château de Bassignac

Bassignac
F-15240 Saignes (Cantal)
Tel. 71 40 82 82

- *Geöffnet von Ostern bis November, im Winter auf Anfrage*
- *2 Zimmer und 1 Wohnung • Zimmerpreis: FF 310/410 • Tennisplatz, Pool 3 km, Golf 25 km, Segeln, Wasserski, Surfen, Fischen*

Das „Château de Bassignac" ist eine alte Festung aus dem 16. Jahrhundert, in der die immer noch selbe Eigentümerfamilie 2 Hotelzimmer und 1 Appartement für 3 bis 4 Personen anbietet. In unmittelbarer Umgebung des Schloßes gibt es einen Tennisplatz, sowie in 25 km Entfernung einen sehr schönen Golfplatz. Der große Park mit hohem Baumbestand vermittelt viel Ruhe und Behaglichkeit.

Anreise: 90 km sudwestlich von Clermont-Ferrand

Château de Boussac

F - 03140 Target
Tel. 70 40 63 20
Fax 70 40 60 03

• Geöffnet von April bis November • 5 Zimmer • Zimmerpreis: FF 550-790, Frühstück: FF 45 • Kreditkarten: Visa •

Ein wunderschönes Schloß im Privatbesitz des Marquis de Longueil, das 5 Zimmer und 2 Suiten, sowie auf Anfrage Voll- oder Halbpension anbietet. Hunde sind nicht erlaubt, ebenso werden keine Kreditkarten akzeptiert. Die Atmosphäre ist stilvoll und privat.

Anreise: A 71, Ausfahrt Nr. 11 Montmarault, 2 Stunden von Lyon

ZENTRALMASSIV

Hôtel Carayon **

F - 12380 Saint-Sernin
Tel. 65 99 60 26 - Fax 65 99 69 26

• Ganzes Jahr geöffnet • 40 Zimmer mit Bad oder Dusche, WC, Telefon, Minibar, TV (auf Anfrage) • Zimmerpreis: FF 119-200 • Kreditkarten: Diners Club, Eurocard, Visa, American Express • Hunde erlaubt, Konferenzraum, Park, Parking, Minigolf

Ein modernes Haus, das auf den ersten Blick eher einem Motel ähnelt, aber eine kulinarische Sensation darstellt. Erstklassige (Gourmet-)Küche und ein erlesener Weinkeller machen den Aufenthalt zu einem kulinarischen Erlebnis. Ein idealer Übernachtungsstop.

Anreise: Zwischen Albigeois und der Schlucht von Tarn

Château de Fragne

**Verneix
F-03190 Hérisson
Tel. 70 07 80 87**

• *Geöffnet vom 15. Mai bis 30. September, im Winter auf Anfrage • 4 Zimmer, 1 Suite • Zimmerpreis: FF 310-380 • Spazierwege, Radfahren, Parforcejagd, Golf, Tennis, Pool 15 km, Reiten 5 km*

Das „Château de Fragne" wurde im 18. Jahrhundert erbaut und wird von einem 20 Hektar großen Garten umgeben. Ein elegantes, imposantes Ambiente, in dem die private Eigentümerfamilie Hotelgästen Zimmer und Suiten anbietet.

Anreise: Autobahn A 71 Ausfahrt Montluçon Ost

Hôtel Restaurant
Château de Casterlpers **

F - 12170 Ledergues
Tel. 65 69 22 61

• *Geöffnet von April bis September* • *9 Zimmer mit Bad oder Dusche, WC, Telefon (4 mit TV)* • *Zimmerpreis: FF 250-420* • *Kreditkarten: Eurocard, Visa, American Express* • *Hunde erlaubt, Park*

Ein 2-Sterne Hotel, das viel romantisches Ambiente bietet. Ideal für ein „Weekend zu Zweit". Umgeben von einem großen Park mit hohem Baumbestand am Ufer eines Flußes gelegen. Swimming-Pool, Tennis und Reitstall sind nur 4 bis 14 km entfernt. Gutes Restaurant im Haus. Das Hotel ist am Rande eines Nationalparks gelegen. Der ideale Reisestop, sowohl als Restaurant als auch als Hotel. Obwohl das alte Haus in ein Hotel-Restaurant umgebaut wurde und mit allem Komfort ausgestattet ist, bewahrte es sich seinen Charakter und seinen mittelalterlichen Charme. Beeindruckender Park von 5 ha mit jahrhundertealten, riesigen Mammutbäumen und Eichen.

Anreise: 12 km vom Bahnhof Naucelle, 9 km von N 88

Hostellerie de la Maronne

**Le Tehil
F-15140 St.-Martin-Valmeroux
Tel. 71 69 20 33**

• *Geöffnet April bis Mitte Oktober • 19 Doppelzimmer, teilweise mit Bad, 5 Familienzimmer, Zentralheizung, Telefon, Minibar • Preise: FF 210-280, Menü: 100 FF • Kreditkarten: Mastercard, Visa • Pool, Tennis, Bogenschießen, Hunde erlaubt, Konferenzraum •*

Ideal für Leute, die Ruhe suchen, ist dieses Landhaus aus dem Jahr 1880. Aber auch Sportler und Naturfreunde kommen hier nicht zu kurz: Herrlicher Blick auf das Maronne-Tal und ein reichhaltiges Sportangebot. Die Zimmer sind gepflegt, jedoch nicht gerade stilvoll eingerichtet. Ordentliche, gutbürgerliche Küche, jedoch nur ein Menü.

Anreise: D37, 3 km östlich von Saint-Martin

Le Logis du Guetteur

**F - 83460 Les Arcs-sur-Argens
Tel. 94 73 30 82 - Fax 94 73 39 95**

• Ganzes Jahr geöffnet • Halbpension FF 285-350, Vollpension FF 365-410 • Pool, 2 Golfplätze 6 km und 20 km, Fischen, Rieten, Tennis, Kayak, Spaziergänge, 15 Minuten vom Meer

Das „Logis du Guetteur" ist das Schloß von Villeneuve, einer Festung aus dem 11. Jahrhundert, die 11 Zimmer mit Dusche und Zentralheizung anbietet. Die Zimmer sind mit Antiquitäten möbliert und sehr ruhig. Das Restaurant befindet sich in einem mittelalterlichen Keller mit sehr viel Atmosphäre.

Anreise: D 9l, D 555, D 57

Château de Ponderach ***

**Route de Narbonne
F - 34220 Saint-Pons
Tel. 67 97 02 57 - Telefax 67 97 29 75**

• Ganzes Jahr geöffnet • 9 Zimmer mit Bad, WC • Zimmerpreise: FF 390 - 450, Frühstück: FF 70 • Kreditkarten: American Express, Diners Club, Visa • Hunde erlaubt

Das „Château de Ponderach" liegt in einem großen Naturpark. Wo Palmen und Tannen, Buchen und Olivenbäume nebeneinander stehen, finden Sie ein altes privates Landschloß, das in ein komfortables Hotel-Restaurant umgebaut wurde. Ein Gut von 160 Hektar in extremer Ruhelage. Viel Charme, viel Atmosphäre und erstklassiger Service.

Anreise: 50 km nord-westlich von Narbonne - 1 km von Saint-Pons

SÜDFRANKREICH

Le Hameau

**5, route de la Colle
F - 06570 Saint-Paul-de-Vence
Tel. 93 32 80 24**

• Geöffnet vom 16. Februar bis 15. November und 23. Dezember bis 6. Januar • 13 Zimmer, 3 Suite, alle mit Bad oder Dusche, Tel. • Zimmerpreis FF 320-465, Suite 580 • Kreditkarten: Eurocard, Visa, Amex • Pool, Fitness, Beautysalon, gut erzogene Hunde erlaubt,

Das Hotel „Le Hameau" ist ein altes Bauernhaus im typischen Stil der Provence, das in ein Hotel umgewandelt wurde. Umgeben von Orangen- und Zitronenbäumen, Palmen und üppiger Vegetation ist dieses charmante Haus eine kleine Oase für alle Liebhaber dieser Gegend. Die Küche ist sehr gut und die Zimmer ordentlich. Reservieren Sie rechtzeitig, es gibt insgesamt nur 13 Zimmer und 3 Suiten.

Anreise: 1 km von Bourg, 20 km südwestlich von Nizza

Hôtel d'Entraigues ***

8, rue de la Calade
Place de l'Evêché
F 30700 Uzès
Tel. 66 22 32 68 - Telex 490 415

• Ganzes Jahr geöffnet • 19 Zimmer • Zimmerpreis FF 175-365 • Konferenzräume,

Das „Hotel d'Entraigues" ist ein Gebäude aus dem 15. Jahrhundert, das exakt im alten Stil restauriert wurde. Gleichzeitig bietet es allen modernen Komfort. 19 ordentlich eingerichtete Zimmer, sowie eine ausgezeichnete Küche und eine gemütliche Terrasse mit wunderschönem Ausblick lassen die lauen Sommernächte der Provence genießen.

Anreise: im Dorfzentrum gelegen

Le Cottage **

**21, rue Arthur-Rimbaud
F - 66700 Argelès-sur-Mer
Tel. 68 81 07 33 - Telefax 68 81 59 69**

• *Geöffnet von April bis Oktober • 30 Zimmer mit Bad oder Dusche, WC, TV, Minibar • Zimmerpreise: FF 130 - 310, Frühstück: FF 38 • Kreditkarten: Visa • kinderfreundlich (unter 5 Jahren gratis) • Hunde erlaubt (Zuschlag) • Schwimmbad, Spielplatz, Tischtennis, privater Parkplatz*

In ruhiger Parklage abseits der Straßen findet man das „Hotel le Cottage" zwischen einem typisch südfranzösischen Dorf und dem feinen Sandstrand. Den Horizont bilden die Silhouette der Pyrenäen, die Weinberge und die Küste. Ein Hotel ideal für den Familienurlaub.

Anreise: Perpignan N114 Richtung Spanien - Argelès-sur-Mer Richtung Argelès-Plage.

Hôtel Marc Hély ***

535, route de Cagnes (D6)
F - 06480 La Colle-sur-Loup
Tel. 93 22 64 10

• *Ganzes Jahr geöffnet* • *17 Zimmer mit Bad, WC, Telefon, TV, Minibar, Terrasse* • *Zimmerpreise: FF 250-390* • *Kreditkarten: American Express* • *Hunde erlaubt* • *Parkplatz*

Das Hotel „Marc Hély" ist ein neuer Gebäudekomplex, der dem Bauernhausstil der Provence nachempfunden ist. Eine herrlich blühende Gartenanlage umgibt das Haus. Dieses Hotel liegt ideal: 10 Minuten bis zum Flughafen in Nizza, 3 Minuten zur mittelalterlichen Stadt Saint-Paul-de-Vence, 5 Minuten zum Strand. Ideal, für jeden, der einige Tage an der Côte d'Azur verbringen will.

Anreise: Autobahn Aix-Monaco, 10 Min. vom Internationalen Flughafen Nice Côte d'Azur.

Hôtel du Midi ***

F - 07270 Lamastre
Tel. 75 06 41 50

• Geöffnet von März bis Mitte Dezember • 13 Zimmer mit Bad oder Dusche, WC, Telefon, TV • Zimmerpreise: FF 280 (Einzel), FF 350 (Doppel), Frühstück FF 50 • Kreditkarten: American Express, Diners Club • Hunde erlaubt • Parkplatz

Im Herzen der Stadt nehmen das „Hôtel du Midi" und sein Restaurant „Barattéro" die Gebäude einer alten Familienresidenz ein; sie wurden 1925 von Küchenchef Barattéro gegründet. Marie-George und Bernard Perrier kümmern sich persönlich um ihre Gäste. Die Küche ist ausgezeichnet. In einem kleinen, sehr grünen und romantischen Garten können Sie sich an kleinen Tischen bei einem Drink entspannen.

Anreise: Valence - D 533 Richtung Le Puy

Hôtel Mas de Couran **

**Route de Féjorgues
F - 34970 Lattes
Tel. 67 65 57 57 - Fax 67 65 37 56**

• Ganzes Jahr geöffnet • 18 Zimmer mit Bad, WC, Telefon, TV, Minibar • Zimmerpreis: FF 305 • Kreditkarten: Diners Club, Eurocard, Visa, American Express • Pool, Tennisplatz, Reitpferde, TV-Raum

Ein altes Herrenhaus, in einem großen Park gelegen und von großen, alten Bäumen umgeben. Sehr schöner, großer Swimmingpool (25-Meter-Becken). Im Sommer sehr angenehm, da kühl und sehr ruhig. Gehört zu der Gruppe der Relais-du-Silence-Hotels.

Anreise: A 9, Ausfahrt Montpellier Süd Richtung Palavas, D 172

La Chaumière ***

Place du Portail
F - 84360 Lauris
Tel. 90 08 20 25

• Ganzes Jahr geöffnet • 10 Zimmer mit Dusche oder Bad, Telefon, TV • Zimmerpreise: FF 375/650 (Doppel), Frühstück: FF 50 • Kreditkarten: American Express, Diners Club, Master Card, Visa • Hunde nur im Zimmer erlaubt

Das Hotel „La Chaumière" liegt in sehr ruhiger und schöner Lage in einem malerischen Dorf mitten in der Provence. Es bietet individuell gestaltete Zimmer mit alten Möbeln und von der kleinen Terrasse eine wunderschöne Aussicht auf die Weingärten und die Landschaft. Die Küche ist ausgezeichnet und mehrfach preisgekrönt. Die Weinkarte ist hervorragend.

Anreise: Autobahn A7 - Ausfahrt: Cavaillon - Richtung Pertuis

Hôtel Belle Vue

**Boulevard du Four des Maures
F - 83980 Le Lavandou
Tel. 94 71 01 06 - Fax 94 71 64 72**

• Geöffnet von April bis Oktober • 19 Zimmer mit Bad oder Dusche, TV, Telefon • Zimmerpreis: FF 300-550 • Kreditkarten: Diners Club, Eurocard, Visa, American Express • Tennisplatz

Liegt wunderschön mit einem phantastischen Panorama über die Bucht von St. Clair und die Iles d'Or. Angenehmes Ferien- und Weekend-Hotel. Der Service ist zuvorkommend und sehr professionell, die Zimmer angenehm.

Anreise: 3 km von Lavandou, 35 km von Saint-Tropez

SÜDFRANKREICH

Le Mas d'Aigret ***

F - 13520 Les Baux de Provence
Tel. 90 54 33 54
Fax 90 54 41 37

• Geöffnet von März bis 4. Januar • 14 Zimmer mit Bad, WC, TV, Telefon, Minibar • Zimmerpreis: FF 410-700, Frühstück: FF 50 • Kreditkarten: Diners Club, Eurocard, Visa, American Express • Hunde erlaubt (Zuschlag FF 40), Pool, Parking, Golf, Tennis, Reiten

Liegt unterhalb der Burgruine von Les Baux mit einer wunderbaren Fernsicht über die ganze Provence in Richtung Camargue. Typisch Südfrankreich mit vielen Terrassen, Treppen und großen Bäumen, die Schatten spenden. Besonders schöne Zimmer. Fast alle haben eine eigene Terrasse, einen Balkon oder Garten. Das Restaurant ist ausgezeichnet und in einen Naturfelsen hineingebaut. Der große Swimmingpool macht den Aufenthalt im Sommer angenehm.

Anreise: A7 oder A9 dann D99

Château de Grézan

F - 34480 Laurens (Hérault)
Tel. 67 90 28 03
Fax 67 90 29 01

• Ganzes Jahr geöffnet • 2 Wohnungen für 2-5 Personen •
Zimmerpreis FF 380-470 • Pool, Tennis 2 km, Meer 30 km

Das „Château de Grézan" ist eine alte Commanderie der Kreuzritter. Umgeben von einer alten Festungsmauer und Zinnen wohnt man hier mit der privaten Eigentümerfamilie in historischem Ambiente. Rund um den Besitz weite Felder und Weingärten.

Anreise: 20 km von Béziers auf der Straße nach Bédarieux

Bastide des Hautes Tours

F - 26740 Marsanne (Drôme)
Tel. 75 90 31 63
Fax 75 90 32 45

• *Ganzes Jahr geöffnet* • *4 Zimmer, 1 Suite* • *Zimmerpreis FF 290-410* • *Kreditkarten akzeptiert* • *Konferenzräume, Pool, Solarium, Radfahren, Golf, Hunde an der Leine erlaubt (Zuschlag)*

Die „Bastide des Hautes Tours" ist ein wunderschön gepflegtes, altes Landhaus im Stil der Provence. Ganz aus Naturstein erbaut mit einem großen Swimmingpool und einem sehr gepflegten Garten. Ideal für mehrer Tage Ruhe und Entspannung. Liegt abgeschieden in unberührter Landschaft.

Anreise: Autobahn A 7 Ausfahrt Montélimar (Nord oder Süd)

Auberge La Regalido ****

F - 13990 Fontvieille
Tel. 90 54 60 22 - Fax 90 54 64 29
Telex 441150

• Geöffnet von Februar bis November • 14 Zimmer mit Bad oder Dusche, WC, TV, Telefon, Minibar, Klimaanlage • Zimmerpreis: FF 550-1250 • Kreditkarten: Diners Club, Eurocard, Visa, American Express • Hunde erlaubt, Park

In einer alten Mühle im Herzen der Provence befindet sich dieses 4-Sterne-Hotel, das eine charmante, typisch französische Auberge darstellt. Viel Blumen, viel Grün, efeubewachsenes Haus mit rotem Ziegeldach und Abendessen bei Kerzenlicht im offenen Gastgarten. Jedes Zimmer hat Klimaanlage. Verlangen Sie ein Zimmer mit Dachterrasse.

Anreise: A 7, Ausfahrt Cavaillon Richtung St-Rémy-de-Provence oder Ausfahrt Nîmes Richtung Arles

Auberge de la Madone

Peillon
F - 06440 L'Escarène
Tel. 93 79 91 17

• Geöffnet von Ende Januar bis Ende Oktober und von Ende Dezember bis Anfang Januar • 20 Zimmer mit Bad oder Dusche, Telefon, TV • Zimmerpreise: FF 360-750 • Tennis, TV-Zimmer

Die „Auberge de la Madone" liegt in einem besonders malerischen und schönen Dorf Südfrankreichs. Ein idealer Ort zum Entspannen und Geniessen zwischen dem Meer und den Bergen. Die Küche ist ausgezeichnet und der Service sehr zuvorkommend.

Anreise: 18 km von Nizza

La Roseraie

**Avenue Henri Giraud
F - 06140 Vence
Tel. 93 58 02 20
Fax 93 58 99 31**

• Geöffnet von Februar bis Dezember • 12 Zimmer mit Bad oder Dusche • Zimmerpreis: FF 320 mit Dusche, FF 395 mit Bad • Kreditkarten: Eurocard, Visa, American Express • Hunde erlaubt, Pool, Park, Parking

Ein Haus im Stil der „Belle Epoque", das nur wenige Schritte vom Stadtzentrum entfernt ist. Trotzdem sehr ruhige Lage in einem Park mit Schwimmbad und einer schattigen Terrasse, die man vor allem im Hochsommer zu schätzen weiß. Hervorragendes, preisgekröntes Restaurant mit erlesenen Spezialitäten.

Anreise: im Nordosten am Stadtrand - D 2

La Magnaneraie ***

37, rue Camp de Bataille
F - 30400 Villeneuve-les-Avignon
Tel. 90 25 11 11 - Fax 90 25 46 37
Telex 432640

• Ganzes Jahr geöffnet • 27 Zimmer • Zimmerpreis: FF 350-900 • Kreditkarten: Diners Club, Eurocard, Visa, American Express • Hunde erlaubt, Pool, Tennisplatz, TV-Raum

Ein preisgünstiges 3-Sterne-Hotel, das alles bietet, was man von einem französischen Restaurant-Hotel dieser Gegend erwarten kann. Das Haus stammt aus dem 15. Jahrhundert und ist auf den Anhöhen über dem Ort gelegen, umgeben von einem wunderbaren Pinienhain. Das Restaurant ist ein bekannter, französischer Gourmet-Tempel.

Anreise: 2 km von Avignon

Les Hospitaliers ***

F - 26160 Le Poët Laval
Tel. 75 46 22 32
Telefax 75 46 49 99

• Geöffnet von März bis Mitte November • 24 Zimmer mit Bad oder Dusche, Telefon • Zimmerpreise: FF 500-770 • Kreditkarten: American Express, Diners Club, Eurocard, Visa • Hunde erlaubt • Schwimmbad, TV-Zimmer, Bibliothek

Dieses romantische Hotel besticht durch seine Lage und die phantastische Aussicht von der Terrasse. In erster Linie ist dieser Platz wegen seiner hervorragenden Küche bekannt. Im Sommer kann man auf der romantischen Terrasse mit den alten Steinmauern eine ausgezeichnete, französische Küche und herrliche Weine der Region geniessen.

Anreise: Autobahn Vallée du Rhône, Ausfahrt Montélimar Sud, und 25 km nördlich

Hôtel La Ponche ***

**Place du Rèvelin
F - 83390 Saint-Tropez
Tel. 94 97 02 53 - Fax 94 97 78 61
Telex 461516**

• Geöffnet von April bis 15. Oktober • 20 Zimmer mit Bad, TV, Klimaanlage • Zimmerpreis: FF 350-900 pro Person • Kreditkarten: Eurocard, Visa, American Express • Hunde erlaubt, TV-Raum

Das „La Ponche" in Saint-Tropez liegt direkt am berühmten Hafen mit einer ebenerdigen Terrasse vor dem Haus, auf der man in frischer Luft und mit Blick auf die großen Yachten das Abendessen nehmen kann. Ein Teil des echten, alten Saint-Tropez. Verlangen Sie ein Zimmer auf die Rückseite, da der Hafen in der Hochsaison bis tief in die Nacht von Touristen belebt ist.

Anreise: Am alten Hafen der Fischer

Château de Ferlande

**Route de St-Côme
F - 83270 Saint-Cyr-sur-Mer (Var)
Tel. 94 26 29 17**

• Geöffnet vom 1. Mai bis 31. Oktober • 1 Zimmer, 2 Wohnungen • Zimmerpreis FF 378-512 • Strände 2 km

Das „Château de Ferlande" ist ein altes Herrenhaus, das mitten in den Weinbergen liegt. Nur 2 km vom Strand und dem Yachthafen entfernt, sowie in direkter Nähe der berühmten Formel 1-Autorennstrecke „Le Castelet". Man bietet Hotelgästen nur im Sommer 2 Appartements und 1 Zimmer an.

Anreise: Autobahnverbindungen mit Aix-en-Provence, Saint-Tropez, Cannes

Hôtel Château des Alpilles ****

Route Départementale 31
F - 13210 Saint-Rémy de Provence
Tel. 90 92 03 33 - Telefax 90 92 45 17
Telex 431 487

• *Geöffnet Mitte März bis Mitte November, sowie über Weihnachten und Neujahr* • *18 Zimmer mit Bad, TV, Radio, Minibar, Telefon, Klimaanlage* • *Zimmerpreise: FF 670-1350, Frühstück: FF 60* • *Kreditkarten: American Express, Diners Club, Mastercard, Visa* • *Hunde nur an der Leine erlaubt (Zuschlag)* • *Schwimmbad, Sauna, Tennis*

Ein kleines Schloß, das zu Anfang des 19. Jahrhunderts erbaut wurde. Das Haus erreicht man über eine lange, alte Allee, die eine herrliche Zufahrt bietet. Alle Zimmer sind im Stil der Epoche gehalten. Große Bäume und ein großer Park machen den Aufenthalt im „Hotel Château des Alpilles" sehr ruhig und erholsam.

Anreise: 2 km westlich vom Dorf Saint-Rémy de Provence

L'Atalaya ***

F - 66800 Llo
Tel. 68 04 70 04
Fax 68 04 01 29

• Geöffnet vom 20. Dezember bis 5. November • 12 Zimmer und 1 Suite • Zimmerpreis: FF 400-490 • Kreditkarten: Eurocard, Visa • Hunde erlaubt, Pool

An der Grenze zu Spanien und Andorra befindet sich in dem kleinen Dorf Llo die Auberge Atalaya, ein romantisches, ganz in Naturstein gehaltenes Landgasthaus, das mitten im Dorf liegt. Ein malerisches Hotel mit 10 Zimmern und einer angenehmen Küche. Ausgezeichneter Käse und Desserts.

Anreise: D 33, an der spanischen Grenze

SÜDFRANKREICH

Mas de la Fouque ****

**Route du Petit-Rhône
F - 13460 Les Saintes-Maries-de-la-Mer
Tel. 90 97 81 02 - Fax 90 97 96 84
Telex 403155**

• Geöffnet vom 15. März bis 2. Januar • 14 Zimmer mit Bad, Telefon, TV, Minibar, Terrasse • Zimmerpreis: ab FF 900 mit Halbpension • Kreditkarten: Diners Club, Eurocard, Visa, American Express • Hunde erlaubt, Pool, Tennisplatz, Tischtennis, Golfplatz, Reitpferde, Boote, Fischfang

Ein Hotel in außergewöhnlicher und einzigartiger Lage direkt im Camargue-Delta, umgeben von Natur und den Flußläufen des Rhône-Deltas. Man sieht Flamingos, Enten, wilde Pferde und überall nur Natur. Ein schöner 18-Loch-Golfplatz befindet sich 20 Autominuten entfernt.

Anreise: 4 km vom Dorf auf D 38, per Flugzeug über den Flughafen Montpellier

Hôtel La Bonne Etape ****

**Chemin du Lac
F - 04160 Château-Arnoux
Tel. 92 64 00 09 - Fax 92 64 37 36**

• Geöffnet vom 14. Februar bis 5. Januar • 11 Zimmer und 7 Suiten • Zimmerpreis: FF 400-900 • Kreditkarten: Diners Club, Eurocard, Visa, American Express • Hunde erlaubt, Pool, Parkgarage, Konferenzräume

Das ganze Haus sowie der Innenhof rund um den Swimmingpool sind in dem für die Provence typischen Naturstein gehalten. Ein charmantes Hotel mit sehr viel Charme und Stil. Ein ausgezeichnetes Restaurant mit Küche und Wein aus der Gegend. Alles sehr typisch und französisch mit dezentem Charme.

Anreise: N 85

Auberge de Cassagne

F - 84130 Le Pontet
Tel. 90 31 04 18 - Fax 90 32 25 09
Telex 432997

• Ganzes Jahr geöffnet • 24 Zimmer • Zimmerpreis: FF 400-980 (Zimmer), FF 980-1680 (Suite) • Kreditkarten: Diners Club, Eurocard, Visa, American Express • Hunde erlaubt, Golfplatz, Pool, Tennisplatz, Reitpferde, TV-Raum, Friseur

Terra Cotta in der Halle, der Gastgarten im Freien unter großen Bäumen, die Hausfassade mit Efeu bewachsen und ein großzügiger Swimmingpool mit einem malerisch angelegten Garten. Dazwischen die für diese Gegend typischen Zypressen und sehr viel Ruhe. Das Haus gehört zu den Relais-du-Silence-Hotels.

Anreise: A 7, Ausfahrt Avignon Nord

Le Moulin Blanc ****

Chemin du Moulin
Les Beaumettes
F - 84220 Gordes
Tel. 90 72 34 50 - Fax 90 72 25 41
Telex 432926

• Ganzes Jahr geöffnet • 18 Zimmer mit Bad, WC, Telefon, TV, Minibar, Radio • Zimmerpreis: FF 540-1050 • Kreditkarten: Diners Club, Eurocard, Visa, American Express • Hunde erlaubt, Park, Pool, Tennisplatz

Ein typisches Haus der Provence mit rotem Ziegeldach und einer Zypressenallee als Einfahrt. Sehr gepflegt und doch gleichzeitig gemütlich-einfach mit einem großen Swimmingpool und einem wunderschön gepflegten, grünen Rasen. Innengewölbe und großer, offener Kamin.

Anreise: 7 km von Gordes, Autobahnausfahrt Avignon Süd oder Cavaillon

SÜDFRANKREICH

Château de Trigance ***

F - 83840 Trigance
Tel. 94 76 91 18
Fax 94 47 58 99

• Geöffnet vom 16. März bis 11. November • 10 Zimmer • Zimmerpreis: FF 430-730 • Kreditkarten: Diners Club, Eurocard, Visa, American Express • Hunde erlaubt

Im Herzen der „Haute Provence Sauvage" auf einem Felsen, liegt diese Festung aus dem 11. Jahrhundert auf den ersten Blick wie eine verlassene Ruine. Völlig einsam gelegen, fühlt man sich hier, umgeben von wilder Landschaft, in die Entstehungszeit dieses Schloßes zurückversetzt. Die Zimmer sind erstklassig hergerichtet, aber einfach. Das Restaurant befindet sich in einem romantischen Kellergewölbe. Die Küche bietet Spezialitäten aus der Gegend.

Anreise: 10 km nordöstlich von Comps

Château d'Entrecasteaux

**F - 83570 Entrecasteaux (Var, Côte d'Azur)
Tel. 94 04 43 95**

• *Ganzes Jahr geöffnet* • *3 Zimmer mit Tel, 1 Wohnung* • *Zimmerpreis: FF 375-415* • *Pool, Tennis, Fischen, Reitgelegenheit 4 km, Surfen, Meer 48 km, Konferenzräume*

Das „Château d'Entrecasteaux" ist ein altes Schloß, das ursprünglich im 11. Jahrhundert erbaut wurde, sich heute aber in seiner aus dem 18. Jahrhundert stammenden Form präsentiert. Große Salons und Badezimmer in Marmor, sowie 2 Zimmer oder 1 Appartement mit Küche werden von der privaten Eigentümerfamilie Gästen angeboten. Das „Château d'Entrecasteaux" liegt etwa 30 Minuten vom Meer entfernt.

Anreise: Autobahn A 8 zwischen Brignoles und Draguignan Ausfahrt Le Luc. Cannes 81 km, Marseille 90 km, Nice 112 km

SÜDFRANKREICH

Château de Roussan

**Route de Tarascon
F - 13210 Saint-Rémy-de-Provence
Tel. 90 92 11 63 - Fax 90 92 37 32
Telex 431169**

• Geöffnet vom 20. Dezember bis 15. November • 20 Zimmer • Zimmerpreis: FF 360-800 • Kreditkarten: Eurocard, Visa, American Express • Hunde erlaubt, Park

Das „Château de Roussan" ist ein romantisches Schloß aus dem 18. Jahrhundert, das sich in Familienbesitz befindet. Die Gäste sind gleichzeitig sozusagen private Gäste der Familie. Der Garten ist malerisch mit einer Teichanlage und großen Bäumen. Frühstück und Drinks werden auf dem Zimmer oder der Terrasse serviert.

Anreise: 2 km von Saint-Rémy

Hôstellerie du Vallon de Valrugues ****

**Chemin Canto Cigalo
F - 13210 Saint-Rémy-de-Provence
Tel. 90 92 04 40 - Fax 90 92 44 01
Telex 431677**

• Ganzes Jahr geöffnet • 49 Zimmer mit Bad, TV, Minibar, Klimaanlage, Safe • Zimmerpreis: auf Anfrage • Kreditkarten: Diners Club, Eurocard, Visa, American Express • Hunde erlaubt, Golfplatz, Pool, Tennisplatz, Fitness, Sauna, Kosmetiksalon

Ein elegantes, perfekt geführtes 4-Sterne-Hotel mit erstklassiger Küche, einem sehr großen, von einem gepflegten Garten umgebenen Swimmingpool mit Liegeterrasse. Verfügt über einen eigenen Tennisplatz. Das Gebäude ist modern, das Interieur aber mit Stilmöbel ausgestattet, was dem Ganzen manchmal einen leicht kitschigen Anstrich gibt. Erwähnenswert ist das Restaurant im Freien.

Anreise: Autobahn Nimes Richtung Orange oder Autobahn Salon-de-Provence Richtung Orange - Abfahrt Avignon oder Cavaillon - Les Baux-de-Provence - Saint-Rémy-de-Provence

L'Auberge du Pont Romain ***

**Rue Emile-Jamais
F - 30250 Sommières
Tel. 66 80 00 58**

• Geöffnet März bis Mitte Januar • 18 Zimmer • Zimmerpreise: FF 180-380 • Kreditkarten: American Express, Visa • Hunde erlaubt • Konferenzsaal, Schwimmbad, Tennis, Golf, Spielplatz

Das Hotel „Auberge du Pont Romain" liegt in einem alten Haus aus dem 17. Jahrhundert in der mittelalterlichen Stadt Sommières. Das Restaurant ist ausgezeichnet und der Service sehr zuvorkommend. Swimmingpool und Fitnessmöglichkeiten machen dieses Hotel zum idealen Ausgangspunkt für Ausflüge und Sightseeing-Tours in die Camargue, nach Nîmes und Montpellier.

Anreise: Autobahn A9 - Ausfahrt Gallargues, Vendargues

Auberge des Quatre Saisons

**Place de l'Eglise, St-Restitut
F-26130 St-Paul-Trois-Châteaux
Tel. 75 04 71 88**

• Geöffnet Ende Januar bis Mitte November • 8 Doppelzimmer und 2 Familienzimmer, teilweise mit Bad, Telefon, Speiseraum, Salon • Zimmerpreise: FF 195-460, Menü: FF 70-220 • Kreditkarten: American Express, Diners Club, Eurocard, Visa • Hunde erlaubt•

Ein Bergdorf in der Provence bildet die Kulisse für diese Auberge, die mit Wein überwuchert ist. Sie liegt im ältesten Teil von Saint-Restitut, das typisch ist für die malerische Romantik dieser alten Kultur-Region. Die Zimmer dieses familiären Hotels sind ruhig und gemütlich. Das angrenzende Restaurant ist in einem Steingewölbe untergebracht und mit Stilmöbeln ausgestattet. Die gute Küche wird auch von den Einheimischen geschätzt. Das Frühstück können Sie auf einer Terrasse einnehmen.

Anreise: D160, 9 km von Bollène, im Dorfzentrum

Notizen

Notizen